幼儿行为观察与指导

主　编　于开莲
副主编　张冬瑞　李春光

北京理工大学出版社
BEIJING INSTITUTE OF TECHNOLOGY PRESS

版权专有　侵权必究

图书在版编目（CIP）数据

幼儿行为观察与指导 / 于开莲主编 . —北京：北京理工大学出版社，2022.12 重印
ISBN 978-7-5682-5356-7

Ⅰ . ①幼… Ⅱ . ①于… Ⅲ . ①幼儿教育 Ⅳ . ① G61

中国版本图书馆 CIP 数据核字（2018）第 038100 号

出版发行 / 北京理工大学出版社有限责任公司	
社　　址 / 北京市海淀区中关村南大街 5 号	
邮　　编 / 100081	
电　　话 /（010）68914775（总编室）	
（010）82562903（教材售后服务热线）	
（010）68944723（其他图书服务热线）	
网　　址 / http://www.bitpress.com.cn	
经　　销 / 全国各地新华书店	
印　　刷 / 定州启航印刷有限公司	
开　　本 / 787 毫米 × 1092 毫米　1/16	
印　　张 / 8	责任编辑 / 王晓莉
字　　数 / 169 千字	文案编辑 / 王晓莉
版　　次 / 2022 年 12 月第 1 版第 3 次印刷	责任校对 / 周瑞红
定　　价 / 28.00 元	责任印制 / 边心超

图书出现印装质量问题，请拨打售后服务热线，本社负责调换

前言
QIANYAN

  2012年颁布的《幼儿园教师专业标准》明确指出,教师要能够"关注幼儿日常表现,及时发现和赏识每个幼儿的点滴进步,注重激发和保护幼儿的积极性、自信心。有效运用观察、谈话、家园联系、作品分析等多种方法,客观地、全面地了解和评价幼儿。有效运用评价结果,指导下一步教育活动的开展"。由此可见,学会有效观察、记录与分析幼儿的行为表现,并在此基础上,运用评价结果开展下一步课程与教学,已经成为幼儿园教师的必备知识与能力。而对幼儿的观察与了解,也是教师专业发展的重要途径之一。通过观察,运用所学理论知识对幼儿进行分析与解读,教师可以更加深入、具体地了解他们的学习与发展,增强有关儿童的教育发展知识和教育教学知识,从而提升教学指导的有效性。

  《幼儿行为观察与指导》一书旨在帮助学习者了解、掌握幼儿行为观察的基本方法,学会运用这些方法来观察和了解幼儿,并能结合所学理论,对幼儿的各种行为进行有效分析与解读,最终促进幼儿的学习与发展。通过本书的学习,可以增强教师的幼儿行为观察能力、分析与解读能力,以及有效指导幼儿的能力,最终促进其专业发展。

  本书共五章内容。第一章介绍观察的基本问题,包括观察的含义与类型、观察的基本方法等。第二章重点阐述幼儿行为的观察、分析与指导问题,探讨如何在观察、分析与评价以及教师的课程决策和教学指导之间建立"桥梁",促进教师有效利用观察与评价信息,做出正确的、适宜的课程决策和教学指导。第三章、第四章和第五章,分别从日常生活活动、游戏活动和教学活动三个方面,详细解读每类活动中的幼儿行为,同时运用第一章所介绍的各种观察方法,遵循第二章阐述的观察原则以及观察、分析与指导的思路,结合实践案例,进一步探讨如何对幼儿的行为表现进行有针对性的观察、分析与解读,并基于此,提出有效的指导和提升策略。

  本书有以下几个特点:一是突出强调实操性。书中列举了大量实例,对各种观察方法进行深入分析,以帮助学习者更加直观地了解每种方法在实践中的运用；在对各类活动中的幼儿进行行为观察时，也着重强调实践运用，列举每类活动的重点观察要点，同时结合实例讲解如何对每类活动中幼儿的行为表现进行有效观察。二是注重分析和指导。只有观察，缺乏分析和解读，没有对观察信息的有效运用，那么，这种观察是没有实际意义的。故而，本书介绍如何观察、观察什么之后，十分强调对所观察现象的分析与解读，并基于此提出教学指导建议。只有这样，才能切实发挥观察的实效，促使观察更加有意义。

　　湖南师范大学教育科学学院杨莉君教授对本书的编写提出了诸多宝贵意见，在此表示感谢！

　　因作者才疏学浅、水平有限，书中难免有不当之处，敬请读者批评指正！

于开莲

目 录

✿ **第一章 观察的基本问题** …………………………………… 1
  第一节 观察的含义与类型 ………………………………… 2
  第二节 观察的基本方法 …………………………………… 9

✿ **第二章 幼儿行为的观察、分析与指导** ………………… 25
  第一节 幼儿行为的观察 …………………………………… 26
  第二节 幼儿行为的分析与指导 …………………………… 32

✿ **第三章 生活活动中幼儿行为的观察、分析与指导** … 40
  第一节 生活活动中幼儿行为观察的意义与内容要点 ……… 41
  第二节 生活活动中幼儿行为观察实例 …………………… 45

✿ **第四章 游戏活动中幼儿行为的观察、分析与指导** … 65
  第一节 游戏活动中幼儿行为观察的意义与内容要点 ……… 66
  第二节 游戏活动中幼儿行为观察实例 …………………… 75

第五章 教学活动中幼儿行为的观察、分析与指导 …… 97

第一节 教学活动中幼儿行为观察的意义与内容要点 ………… 98
第二节 教学活动中幼儿行为观察实例 ………………………… 102

参考文献 ……………………………………………………… 117

第一章 观察的基本问题

学习目标

1. 理解观察的含义及观察与评价、教学的关系
2. 了解和掌握观察的主要类型，并能实践运用
3. 掌握观察的基本方法，理解每种观察方法的含义与特点，并能实践运用

案例呈现

我来做娃娃

在娃娃制作活动中，幼儿吴某（男，6岁）想把娃娃的胳膊（硬塑料牙刷盒）和身体（塑料矿泉水瓶）连接在一起。幼儿先在牙刷盒上抹了一些胶水，然后将牙刷盒对准可乐瓶一侧，使劲按了一下，然后放手。但刚一放手，牙刷盒就掉了下来。幼儿继续把一些胶水抹在牙刷盒上，再粘，还是不行。幼儿用手按了一段时间，结果一松开手，牙刷盒还是掉了下来（幼儿不知道在连接塑料材料的时候，使用胶水是不适宜的）。最后，幼儿看了看牙刷盒，把其放在了一边。然后去一旁找来两只袜子，在袜子里塞满了东西，想用袜子来当娃娃的胳膊。然后，继续在袜子上抹胶水（胶水还是不适宜粘毛线类材料），想把袜子粘在矿泉水瓶上，结果还是不行。后来，教师提醒，胶水不行的话，就试试用别的材料粘。幼儿想了一会儿，便找来一些毛线绳，用毛线绳将娃娃的身体和胳膊系在了一起，但是有些不牢固。

思考：日常生活中，我们经常会看到孩子们的各种行为表现。而面对类似于案例中的这些行为时，教育者该如何及时、客观地观察、记录（比如采用哪些方法、工具进行观察和记录）？该如何科学有效地分析这一过程中孩子们的学习与发展，并提供适宜的教学指导？

在我们的日常生活和工作中，观察无处不在。观察是我们认识世界、获取知识的重要途径，通过观察我们能获得各种各样的信息。而在教育中，观察不仅仅是从事科学研究的一种重要的方法，也是教育者每天在进行教育的过程中必须做的一项重要工作。通过观察，教师才能客观全面地了解儿童的所思所想，对儿童进行科学有效的分析与解读，才能做出正确适宜的课程与教学决策，最终真正促进儿童的学习与发展。那么，如何理解观察？观察与评价及教学是怎样的关系？观察有哪些类型与具体方法？本章将重点探讨这些关于观察、评价与教学的基本问题。

第一节　观察的含义与类型

在研究观察问题时，首先需要明确什么是观察，观察与普通意义上的看有什么区别等。本节主要讨论观察的含义、观察与评价及教学的关系以及观察的主要类型。

（一）观察的含义

观察（observe）是指通过一个或多个感官来获取信息，理解这些信息的意义，并以有意义的方式运用这些信息（Warren R. Bentzen，2005）。观察不仅仅是用眼睛获取信息，还依靠其他的一些感官参与，如耳朵的听等。观察不同于一般意义上的看，不仅是简单地朝某个事物看（look at），还要用某种或某些特定的方式，有目地去搜寻（look for）事物。观察还需要在获取感官信息的基础上，对所观察到的信息进行意义解释。陈向明（2006）指出，观察不仅是人的感觉器官直接感知事物的过程，而且是人的大脑积极思维的过程，也就是说观察不仅是通过感官感知观察对象获取信息的过程，同时也是大脑对所观察的各种信息不断加工得出结果的过程。所以观察本身并不是最终目的，能否通过观察获得有价值的信息，并能对这些信息加以分析和评价，得出一个正确的判断和结论，才是进行观察的最终目的。

（二）观察、评价与教学

观察的一个基本目的就是加深成人对幼儿的了解和理解。每个幼儿都有自己的发展特点和优势水平，教育就是要满足不同幼儿的发展特点和水平，使他们能够在自己原有的水平上获得更高的进步和更快的发展。因此我们必须通过观察来了解幼儿发展的现有水平，以及确定幼儿发展的需要和潜能，然后进行有针对性的教育，以帮助其往更高的水平发展。但大部分教师只把观察看作是一种任务，并没有意识到观察对于我们了解幼儿及开展教学工作的意义。为了使观察更有意义，必须对观察结果进行分析和解释，也就是我们通常所说的评价，如果离开了有效的评价，通过观察幼儿所获得的信息将只是对观察者所见所闻的一种描述。我们必须根据幼儿的需要给他们以回应，理解幼儿，并最终提供有益于其发展的教育，这样的观察才更有效。

那么观察、评价、教学或教师指导三者之间应该是一种什么样的关系呢？《幼儿园教师专业标准（试行）》明确规定，幼儿园教师应当"掌握观察、谈话、记录等了解幼儿的基本方法；有效运用观察、谈话、家园联系、作品分析等多种方法，客观、全面地了解和评价幼儿；有效运用评价结果，指导下一步教育活动的展开"。这其实就明确指出了观察、评价和教学之间的关系，三者连续统一、密不可分。观察是评价的基础，通过观察获得真实、客观的信息，了解幼儿的各种行为表现，了解事物的本来面目；评价则是在观察的基础上，依据一定的标准，对幼儿的行为表现进行分析、解释和科学的解读，对观察所得的信息进行价值判断，解读现象背后隐含的意义，并提醒我们关注幼儿的发展水平、需要、潜力及存在的问题，而这些都为我们设计和实施适宜有效的教育活动、提供科学有效的指导提供了重要参考；教师需要基于观察和评价的结果，有针对性地提出下一步的教学方案和指导建议，以促进幼儿的深度学习与进一步发展。观察、评价与教学三者相互作用、相辅相成。观察、评价、教学三者之间的关系如图1-1所示。

图1-1　观察、评价、教学三者之间的关系

二、观察的类型

可以根据观察所需时间、参与程度、是否介入观察过程等方面的不同，将观察划分为不同类型，每一种类型的观察都有其自身的优势和适用范围。

（一）自然观察和实验观察

一般来说，根据观察信息是在自然条件下获得的，还是在人为干预或控制下获得的，可将观察分为自然观察和实验观察两类。

1. 自然观察

自然观察是一种在自然条件或情境下，对发生的现象或行为所进行的观察、记录和分析。所谓"自然条件"，即对所观察的现象或行为不加以人为控制，使它们以本来面目客观地呈现出来。因为是在自然的状态下进行的，无须太复杂的准备，比较简便易行，所获得的是第一手资料，结果较为客观、真实。但自然观察也存在一定的局限性，自然观察要求观察者具有较高的敏感性，能够觉察并及时捕捉有价值的信息。同时，自然观察较容易获

得观察对象的外部表现，且大部分外部表现都具有偶然性，不易重复验证，所以无法了解观察对象的内部表现，观察的结果往往具有主观性、不精确性以及片段性、片面性。

2. 实验观察

实验观察是将观察对象置于某种特定的、人为控制的条件或情境下，对发生的现象或行为所进行的一种观察、记录和分析。实验观察是有明确目的，有计划安排，有一定控制，有严格记录的观察。因为各种条件和情境是事先设计好的、可人为控制的，所以能够获得较为深入或复杂的信息，且结果可重复验证。但是，其观察条件和情境终究是人为设置的和可控的，与实际生活中复杂多变的状况有一定的差异性，所以实验的结果往往会有误差，会影响观察结果的客观性、真实性。

（二）正式观察和非正式观察

根据观察过程的结构性质与控制程度可分为：正式观察和非正式观察，这两种观察最主要的不同就在于对观察状况严谨性的要求不同。[①]

1. 正式观察

正式观察是一种有控制、较为系统的观察，因其是在高度结构的状况下进行的，所以也被称为结构性观察。正式观察一般计划比较周密，观察比较细致，重点比较突出，并且往往与特定的目的、任务相联系。正式观察要求观察者根据观察目的，制定出研究的理论框架，在观察前把观察什么、怎么观察、何时观察、用什么观察等一系列问题都做明确的界定和计划，在观察过程中，严格按照详细的规定和计划，采用标准的观察程序和手段进行，并采用科学的量化方法对其观察结果进行准确分析。因此，这种观察是相对正式、严谨的，所得结论也更为可靠。其不足是大部分正式观察都需要事先界定和有所控制，观察过程一般都是按计划进行的，因而观察者难以根据具体情况及时调整观察内容与观察时间，不利于发挥观察者的主动性和创造性，也很难及时观察、记录过程中突发的、新的、有价值的信息。

2. 非正式观察

非正式观察结构比较松散，与正式观察相比，无须周密详尽的计划与控制，是一种更具弹性、开放式的观察。也就是说，观察者只需要在观察前制定一个大概的观察提纲，具体的观察计划和步骤可以在实际的观察过程中根据具体的情况逐一展开，观察计划和观察内容比较开放和灵活，可以根据具体的情况随时进行修改。非正式观察无须按照严谨的科学研究的形式进行，所以比较适用于教师在获取有关日常教学活动安排等方面的信息时运用，或帮助教师获得了解幼儿身心发展各种特点的感性经验。从整体而言，非正式观察法易于实施，比较实用。但在科学性上较为欠缺，有待提高；观察往往依赖于观察者本身的理性思考，如果观察者观察动机不足，或者感情用事，那么观察就会流于形式；而且非正式观察一般获得的结果都只能说明个别的行为，不能代表普遍行为，所以结果不利于推广。

这两种观察方法是互相补充和各有长短的。非正式观察求面不求深，可以较多地增加

[①] 施燕，韩春红. 学前幼儿行为观察[M]. 上海：华东师范大学出版社，2010：10–11.

感性认识，发现问题，如每天在幼儿园内走一遭，很有可能发现一些原先没有想到的问题。而正式观察则求深不求面，它侧重将注意力集中在特定的点上，以便进行比较深入的观察，其目标是发现变化发展规律，探查原因，并为解决问题做准备。

（三）参与观察和非参与观察

根据观察者是否直接介入被观察者所从事的活动中，可将观察分为参与观察和非参与观察两类。

1. 参与观察

参与观察也称为"局内观察"，是指观察者深入所观察对象的活动情境中，在实际参与观察对象所从事的各种活动（如生活、游戏、学习等）时，在与观察对象密切相处和实际联系中观察、倾听观察对象的言行举止，以获得相应信息，并对其进行分析和评价的一种观察。因为参与观察一般是伴随或是直接在观察对象的日常活动中进行的，所以能够拉近观察者与观察对象的心理距离，减少观察对象的压力，使观察变得更加真实、自然，这不仅让观察者对观察对象的行为表现获得比较具体的感性认识，而且在观察过程中，观察者也可以根据自己想要了解的内容，适当地提出一些问题与观察对象讨论，以进一步了解行为背后的原因。但参与观察的缺点在于既要参与活动又要进行观察，既费时又费力，同时还很难做到客观、全面、细致的观察与记录。另外，与自然观察一样，参与观察往往也带有较大的主观性，观察者容易带有个人的主观倾向，使观察结果具有偶然性、片段性、不精确性，所以难以重复验证。

2. 非参与观察

非参与观察也称为"局外观察"，是指观察者置身于活动情景外，不介入具体的活动过程，以局外人或旁观者的身份对所观察对象的言行举止进行观察、记录和分析的过程。大部分幼儿园教师在进行观察时都采取一名教师带领幼儿活动，另一名教师在旁进行观察和记录，这种就属于非参与观察。还有一些观察工作是由专门从事某些研究的研究人员进行的，这当然也属于非参与观察。另外，非参与观察既可以是公开的，也可以是隐蔽的，即观察对象可以明确地知道或意识到有人在观察和在不让观察对象见到或意识到的情况下进行观察（一般采用单向玻璃进行观察）。因为不需要观察者直接参与观察对象的活动过程，所以在条件允许的情况下，观察者也可采用录像、拍照甚至可在活动场所安装视频摄像头等技术手段，进行非参与观察。因为不直接参与观察对象的实际活动过程，从精力投入来讲，观察者可以全身心地从事观察，故注意力集中，比较容易获得更多的观察信息。同时不和观察对象直接接触，这样就可以不带感情色彩，对观察对象的行为表现进行客观记录和分析，所以结论一般比较客观、真实。但非参与观察同样存在着不足，因为不直接参与活动过程，不和观察对象直接接触，所以当有疑问时也不能像参与观察那样可向幼儿随时提问，也就无法更深层次地了解其行为背后的原因。另外，观察者需要与观察对象保持一定的距离，在这种情况下，没有办法完全捕捉观察对象的点滴表现，所以观察结果总是出现遗漏的现象。

（四）叙述观察、取样观察和评定观察

根据观察内容是否连续以及观察记录方式的不同，可将观察分为叙述观察、取样观察以及评定观察三类。

1. 叙述观察

叙述观察是指在观察过程中，观察者详细观察和记录被观察对象连续、完整的心理活动和行为表现，并收集研究资料的一种观察。很多研究心理学家、教育学家都曾用过此法做过相应研究，比如我国著名的幼儿心理学家、幼儿教育家陈鹤琴，就是运用此法，以自己刚出生的儿子为对象，进行为期808天的连续观察和文字、摄影记录，观察记录的内容包括幼儿动作、感知、记忆、思维、能力、情绪、意志、言语、知识、绘画、道德等各方面的发展状况，共记录有重要意义的354项事件，并以此写成我国幼教史上第一本幼儿心理学的书籍。

叙述观察保持了行为事件发生的本来顺序和真实面貌，资料翔实，可以多次检查记录，适用于搜集个人的信息资料，但个案有限，比较费时费力。叙述观察包括日记描述、轶事记录以及活动实况详录等方法。

（1）日记描述是指对同一个或同一组幼儿长期跟踪，反复观察，以日记的形式描述性地记录幼儿的行为表现。

（2）轶事记录是教师常用的观察记录方法，主要是指对幼儿在园内一日生活中表现出的有价值的行为情景进行观察记录。它不仅可以观察与记录幼儿显著的新行为或反应，还可记录观察者认为有价值、有意义的任何能表现幼儿个性的行为或某方面发展的行为情景，因此，所观察记录的可以是典型行为或异常行为。

（3）活动实况详录是指在一段时间内（如一小时或半天内）持续地、尽可能地记录被观察对象所有的行为动作表现，包括观察对象自身的全部言行以及与环境及他人的相互作用与交往。

2. 取样观察

取样观察是指依据一定的标准选取被观察对象的某些行为表现进行观察，或选择在特定的时间内进行观察记录来搜集研究资料的一种观察。主要包括时间取样观察和事件取样观察两种。

（1）时间取样观察是指在选定的时间内进行观察，对观察对象在这一时间段或这一时刻发生的各种行为表现和事件做全面的观察和记录。

时间取样观察案例： 某幼儿园王老师想要了解幼儿的亲社会行为，她计划从9：30到11：00，从自己班级中抽取15名幼儿作为观察对象，观察记录幼儿亲社会行为及其频率。一共观察的时间是90分钟，王老师将这90分钟平均分配在15名幼儿身上，即每名幼儿观察6分钟，在一星期内重复这个过程三次。观察结束后，每个幼儿有三次、每次6分钟的行为记录。[①]

---

① 王琼. 时间取样观察法在幼儿园中的运用［J］. 齐齐哈尔师范高等专科学校学报，2013（2）.

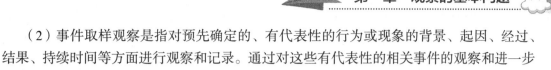

（2）事件取样观察是指对预先确定的、有代表性的行为或现象的背景、起因、经过、结果、持续时间等方面进行观察和记录。通过对这些有代表性的相关事件的观察和进一步的研究，观察者可以对所感兴趣的事件形成比较全面、深入而正确的认识。

事件取样观察案例：

表1-1所示为幼儿同伴冲突行为观察记录。

表1-1　幼儿同伴冲突行为观察记录

冲突时间	
冲突起因	
冲突发生过程及解决策略	
冲突解决结果	
分析、评价与指导建议	

3. 评定观察

评定观察是指按照事先制定好的评价量表对被观察对象的心理活动和行为表现进行观察并做出评价判断。常见的评定观察包括行为检核和等级评定两种。

（1）行为检核是在观察前将要观察的行为项目排列成清单式的表格，然后通过观察，检查核对该行为是否呈现。一般某种行为出现，即回答或勾选"是"，不出现即勾选"否"。该方法实用性强，使用方便，教师拿着事先列好的清单，逐一对应幼儿的行为是否发生进行选择即可。

（2）等级评定是在对观察对象进行观察后，对其行为所达到的水平进行评定，也就是说，要给出不同等级的定义和描述，然后针对每一个评价要素或绩效指标，按照给定的等级对儿童的行为表现做出等级评定（表1-2）。

表1-2　幼儿饮食行为等级评定表[①]

类目	项目	经常	偶尔	很少	从不
进餐前	认真洗手				
	安静等待吃饭				
进餐中	正确使用餐具				
	掌握正确的就餐姿势				
	不挑食，不偏食				
	自觉快速吃完饭				
	不乱扔残渣				
进餐后	将饭桌收拾干净				
	擦嘴				

---

① 侯素雯，林建华. 幼儿行为观察与指导这样做［M］. 上海：华东师范大学出版社，2016：31.

评定观察的主要优点是设计简单、方便实用。因为往往只用数字或其他符号来做记号，相对于文字的描述，便于观察者填写，只需少量的学习和练习就可掌握，使用时也较为节省人力和物力。同时该方法运用表格符号的记录方式，也比较方便分析和统计。其主要缺点在于这种方法一般由观察者的主观判断来评定，常伴有观察者的主观偏见；另外可能由于观察者对等级评定标准理解不一致，易造成等级的误差，而且所得结果是量化的，很难对行为背后的原因进行深入分析。

（五）长期观察、短期观察和定期观察

根据观察的时间安排，可将观察分为长期观察、短期观察和定期观察三种类型。

1. 长期观察

长期观察是一种在较长时间内，连续不断地对观察对象的某些行为进行观察的类型。幼儿有很多行为（如进餐情况、刷牙情况等）都比较简单，观察全过程，也比较容易，不过需要几分钟或者几个小时。可是，要了解某件复杂事情的全过程，要认识某种复杂的事物，短短的几分钟、几小时显然就不够了，就需要进行较长时间的观察，比如观察小班刚入园幼儿的适应情况或是观察幼儿的人际交往的发展情况等，有的要观察十天八天，有的要观察三五个月，有的要观察一学期、一学年甚至整个幼儿园阶段。

由于长期对观察对象进行观察，所以可以比较全面、细致地了解观察对象的行为表现。但也由于战线拉得比较长，所以比较费时、费力，还可能由于各种因素的干扰没办法坚持到底。另外，由于长时间对观察者进行观察，也有可能干扰观察对象的正常生活。

2. 短期观察

短期观察是相对于长期观察来说的，即在比较短的时间内对观察对象进行的观察。一般地说，短期观察至少应该是一段时间的观察，比如对一件事情的观察，对一次活动的观察，对一次游戏的观察……

与长期观察相比，短期观察在观察者的时间和精力上比较集中，可以在较短的时间内对所观察对象进行一个及时的了解。但正因为如此，短期观察的弱点也就比较明显，他只能对被观察者获得一个比较瞬时、片刻的印象，很难对所观察的对象获得比较全面、深入、整体性和过程性的了解。

3. 定期观察

定期观察是指在某个特定的时间内对观察对象的行为进行反复观察，是一种非连续性的，按时间所进行的间隔的观察，如一周一次、一月一次等。定期观察可以通过重复观察的方法对结果进行验证，结果比较可靠。但其缺点就是，这种观察往往只能看到某些特定时间的情况，对观察对象的了解也都是片面性的，无法了解幼儿连续的行为变化。

以上我们按照划分标准的不同，简要介绍了一些常见的观察类型，但这并不代表每种观察都是孤立的，实际上不同类型的观察也可以结合使用，比如说非正式观察与自然观察实际上非常相似，叙述观察可以是长期观察，也可以是短期观察，取样观察既可以是参与

观察，也可以是非参与观察。每种观察都有各自的特征和不同的适用范围，也都存在着或多或少的弊端，在对幼儿进行观察时，也没有绝对统一的要求和最适合的观察方法，只能视情况选择较为合适的观察方法，用辩证的眼光去看待这个问题。

第二节　观察的基本方法

本节主要介绍儿童行为观察的几种常见方法，包括时间取样法、事件取样法、日记描述法、轶事记录法、实况详录法、行为检核法以及等级评定法。

（一）含义

时间取样法是指在全部时间中选取相对较短的一个时间段，观察记录在这一个时间段内某种预先确定的行为或事件是否出现、出现的频次等。在一般情况下，这种方法较适用于发生频率较高的行为。欧文和布什内尔说："如果在15分钟内，所观察的行为平均出现的次数少于一次，那么就不应该运用时间取样法。"另外，运用时间取样法时，时间取样和行为取样同时发生。也就是说，选取特定的时间段，只有在这个特定时间段内发生的行为，才予以记录，其他时间段发生的行为不记录。

在运用时间取样法时，首先需要明确要观察的目标行为，并对行为进行详细的分类和编码，给出具体的操作性定义。其次要确定观察时距和时间间隔：时距是一次观察的时间长度，比如，对幼儿的攻击性行为进行6分钟的观察，观察1分钟，记录1分钟，然后间歇1分钟，如此反复，总计观察6分钟，即观察时距；时间间隔是每次观察记录之间的间隔时间，间隔可有可无，比如观察2分钟，记录2分钟，停下间歇1分钟，就可以算作一种时间间隔，也可以直接观察5分钟，中间不停，一直观察记录，没有时间间隔。最后，在选择记录方法时，可以是检核所观察的行为是否出现，只要出现，就做一个标记或写下编码符号，之后可以统计记录某种行为在所观察的时间段内出现的次数，比如记录幼儿在5分钟内的攻击性行为共计出现3次；另外，在观察记录时，也可以将编码表的符号记录和叙述性描述结合，在做符号标记的同时，辅之以简要的叙述性描述，以便于后续分析和运用。

（二）特点

时间取样法较为节约时间和精力。该方法只观察在某个选取的时间段内的行为，且每个时间段的选取也相对较短。同时主要运用符号编码等记录方式，记录时容易操作，省时省力。

进行时间取样时的记录方法也较为多样。"尽管时间取样经常运用编码系统，但也可以将编码与叙述性描述结合起来。编码系统主要包括两种：类别系统和符号系统。符号系统需要各个行为类别之间互相排斥，某个特定的行为不同属两个或两个以上的类别。而类别系统既需要各个类别之间相互排斥，同时又要穷尽所有类别。类别系统必须能覆盖所有类型的行为。"[1]

不足之处在于，由于只是记录编码符号，缺乏大量的详细记录，因而该方法较难捕捉到行为和情境的详细信息，从而会在一定程度上影响后续的深入分析。另外，该方法只记录频繁出现的行为，对不频繁出现的行为，不予以记录。最后在观察之前，需要对行为进行详细分类、编码，因此相对而言，需在观察记录之前做好大量的准备工作。

（三）实践运用

时间取样法的实践运用较多。其中较早的经典研究是美国学者帕顿关于学前儿童游戏中的社会性参与水平的研究。帕顿将儿童在游戏中的社会性参与水平分为无所事事、旁观、独自游戏、平行游戏、联合游戏和合作游戏六个类别，并对每一个类别的行为都做了详细的操作性定义。六个类别的行为之间互相排斥、不重复交叉，且这六个类别的分类也较为彻底，基本穷尽了有关游戏的社会性参与水平的所有类别，故是一种类别系统的记录方式。实际观察时，当儿童在研究者所选取的时间段内出现某种类别的游戏行为时，即可打"√"（表1-3），最后经过一段时间的观察，即可判断某名学前儿童的游戏的社会性参与水平是属于无所事事，还是属于平行游戏，抑或是达到了合作游戏的水平。

表1-3 游戏记录表格举例[2]

帕顿的游戏类型	艾斯沃里	迈克尔	森·李	杰思罗	贝思	依博拉哈姆	米格尔
无所事事							
旁观							
独自游戏							
平行游戏							
联合游戏							
合作游戏							
时间间隔可以是：10秒钟观察，10秒钟记录，然后再等40秒钟观察下一个儿童							

---

[1] ［美］沃伦·R·本特森. 观察儿童——儿童行为观察记录指南[M]. 于开莲，王银玲，译. 北京：人民教育出版社，2009：106.

[2] ［美］沃伦·R·本特森. 观察儿童——儿童行为观察记录指南[M]. 于开莲，王银玲，译. 北京：人民教育出版社，2009：101.

用符号系统记录时各个行为类别之间也是互相排斥的，某个特定行为不同属两个或两个以上的类别。但用这种方法所做的分类，不一定能穷尽所有类别。具体可参照表1-4的符号系统记录的例子。

表1-4　时间抽样——三名儿童的互动（假想的例子）[①]

观察者姓名：埃斯特尔·吉本斯（中心教师）
所观察儿童：卡桑德拉、卡拉、米歇尔
儿童的年龄：4岁8个月、4岁9个月、4岁6个月
儿童的性别：女、女、女
观察情境（家庭、儿童保育中心、幼儿园、学校）：Humpty Dumpty儿童保育中心
观察日期：2004年4月24日
观察开始时间：上午9：05　观察结束时间：下午9：55
简要描述观察地点的物理特点和社会特点：
今天这几个孩子看起来情绪不错，老师和助手也似乎与孩子们一起分享着他们的好心情。外面在下雨。当孩子们知道自己不能出去玩的时候，他们就把充沛的体力都用在了活动区，活动区看起来已有些混乱。总体上看，今天的情绪氛围与昨天的形成鲜明对比。

行为类别	1	2	3	4	5	6	7	8
对场景的一般反应	①	②	③	①				
1. 主动进入场景（相应的场景：大积木区［BBA］，阅读区［RA］，等等）	1 BBA	1 BBA	1 BBA	1 FP				
2. 不太愿意进入场景								
3. 拒绝进入场景								
对环境的一般反应	①	②	③	①				
4. 自由运用设备和材料	4	4	4	4				
5. 有限地或偶尔运用设备和材料								
6. 没有运用设备和材料								
对他人的一般反应	①	②	③	①				
7. 试图与同伴有接触	7	7	7	8				
8. 试图与成人有接触								
9. 回避或中断与同伴接触								
10. 回避或中断与成人接触								
11. 不太情愿地与同伴接触，儿童对接触缺少动机或不专心								
12. 不太情愿地与成人接触，儿童对接触缺少动机或不专心								

注：所观察的儿童　　关键词
　　①卡桑德拉　　　BBA——大积木区
　　②卡拉　　　　　PA——拼图区
　　③米歇尔　　　　FP——手指画区

[①] ［美］沃伦·R·本特森. 观察儿童——儿童行为观察记录指南［M］. 于开莲，王银玲，译. 北京：人民教育出版社，2009：152.

二、事件取样法

（一）含义

事件取样法是指选取某个特定的事件予以记录。其中事件由一系列行为构成，可以是现实生活中发生的任何事情。与时间取样法不同，时间取样主要关注"时间"，在特定的时间段内，是否有特定的行为发生。而事件取样法更关注"事件"，只要所选定的事件出现，即予以记录。也就是说，事件取样法主要记录某些特定的行为或事件，不关注行为什么时候发生，或者要记录多长时间。同时，事件取样法较为适用于记录经常出现、频繁发生的行为。

进行事件取样时，观察者首先需要确定观察哪种事件以及能代表该事件发生的一系列行为，对这些行为进行分类，给予明确的操作性定义。比如"争吵就是一个事件，它由各种特定的可观察的行为组成，如大声说话、做出某种面部表情或者争论玩具到底是谁的，等等"[①]。之后，在观察情境中等待这些事件或行为的出现，一旦某些行为出现，即予以记录。记录的方式可以是：设计编码符号系统，做检核记录，也可以是进行详细的文字描述。"古德温和德里斯科尔认为，事件取样所运用的记录方法就是对某些事件的发生进行即时即刻的编码。甘德和加德纳指出，应该记录行为发生的全部过程，从开始到结束，并且尽可能详细记录，为推论提供大量丰富的信息。因此，你可以选择编码，也可以选择叙述性描述，或者二者结合使用……而运用叙述性描述的时候，你可以尽可能长时间地观察和记录事件，只要这个事件一直在发生着。"[②]

（二）特点

运用事件取样法能够较为详细地记录事件或行为的发生、发展，对行为发生的起因、情境、过程、持续时间、结果和影响等进行详细而全面的描述，从而为后续分析评价和引导教育等提供翔实的资料。

事件取样法也较为高效、便捷。做记录时，既可以采用翔实的叙述、描述，也可以采用编码系统，设计简洁的观察记录表格，进行检核。这样就使得整个观察记录过程较为省时、高效。

事件取样法的不足在于，一是不太适用于记录不经常出现的行为。二是当抽取记录事先确定的某个事件或行为片段时，可能会使行为抽离于整体的情境和行为前后发生的连续体，从而破坏行为发生的整体连续性，影响观察者对事件或行为进行全面、深入和客观的分析。比如，当我们抽取了儿童在积木区建构游戏时的合作行为时，可能会忽略合作行为

---

① ［美］沃伦·R·本特森. 观察儿童——儿童行为观察记录指南［M］. 于开莲，王银玲，译. 北京：人民教育出版社，2009：108-109.
② ［美］沃伦·R·本特森. 观察儿童——儿童行为观察记录指南［M］. 于开莲，王银玲，译. 北京：人民教育出版社，2009：109.

之外的整体连续事件以及合作行为发生前后的重要信息。

（三）实践运用

在幼儿园的教育教学实践中，经常会运用事件取样法观察记录幼儿的各种行为表现。比如，教师对幼儿在一日生活各个环节中的同伴交往冲突或合作行为等进行专门的事件取样观察，等等。具体实例如下。

娃娃家游戏中的角色扮演冲突解决[①]

区域游戏娃娃家。其其想给小娃娃洗衣服，于是拿来了小盆和小搓板。这时，正好被一旁切菜的林菡看见了。林菡对其其说："她的衣服不用洗，昨天我已经洗过了。"其其没有看林菡，边给娃娃脱衣服边说："我觉得她的衣服很脏，我给她洗洗。"林菡放下手中的小菜刀，走到其其身边说："我昨天刚给她洗的，你去干点儿别的不行吗？"其其还是没有听林菡的，继续她的工作："我就是觉得挺脏的，你没洗干净，我再给她洗一遍。"林菡在一边大声地叫起来："你这是在浪费水。"说完林菡就去夺其其手中的衣服，但其其不肯松手，紧紧拽着，林菡没有继续坚持。她停下来跟其其商量了起来："其其，我那里有很多的家务活，我切菜，你包包子行吗？昨天咱们就没包包子。咱俩一起去那边干活，明天再洗衣服，成吗？"其其看了一眼厨房："那好吧，明天我再给她洗衣服。"她们一起去厨房包包子了，玩得很开心。

除了上述案例中详细的文字记录，还可以参照如下方式进行事件取样观察（表1-5）。具体做法是，将幼儿的合作行为分为不同种类型，给出操作性定义，然后将每种类型的行为做编码符号。实际记录时，只需记录行为编码符号即可，也可以辅以简要的文字记录。例如，将儿童合作行为表现分为协商（编码符号为1）、给出建议（编码符号为2）、自觉配合（编码符号为3）等，那么实际记录时，如果儿童表现为给出建议，那么即可在下表第一个儿童的相应位置，标记相应的数字2。同时为了更详细地记录当时的情境，可以在数字旁边做简要的文字补充说明，从而使记录信息更加全面，比如记录这样的内容：幼儿搭积木时，提醒自己的同伴，可以换一个更长一点的积木，这样就可以把桥的两端连接起来了。

[①] 徐菲. 中班幼儿同伴冲突解决特点研究［D］. 北京：首都师范大学，2008：9.

表 1-5　幼儿合作行为事件取样观察记录

儿童	年龄	性别	合作行为发生情境	合作行为发生原因	合作行为表现类型	合作行为水平	合作行为结果
1							
2							
3							
4							
5							
…							

三、日记描述法

（一）含义

日记描述法是指用写日记的方式，对观察对象进行长期的追踪观察。它是一种非正式的、叙述性的、纵向的观察方法，"是研究儿童发展问题的一种最古老的方法"[1]。最早可以追溯到1774年，由裴斯泰洛齐首创宝宝传记法，他从父亲的角度观察自己的孩子，进行日记记录，写成《一个父亲的日记》。

日记描述法包括主题式日记和综合式日记两种。其中主题式日记记录儿童行为中的某个特定的发展领域，如情绪、社会交往、认知等；而综合式日记综合记录儿童身上所表现出来的每一个新行为。

一般而言，日记描述法是通过与观察对象关系亲密的人，如父母等，通过长时期的观察，如几周、几个月甚至是几年，详细追踪记录而实现的。通常需要记录一些在儿童生活中具有重要里程碑意义的行为或事件，或者是儿童身上出现的新行为，比如儿童第一次出现的微笑行为、第一次学会走路时的场景等。正如有学者指出，日记描述法"按顺序记录观察对象，通常是婴幼儿的行为流中新的行为事件"[2]。

（二）特点

日记描述法的主要特点是能够详细、全面地记录儿童行为，尤其是其中的各种细节行为及行为发生的情境信息。整体的信息记录范围较广，是一种开放性的、几乎没有选择度的观察记录方法。所有记录信息都来源于真实情境，是一种在自然条件或真实情境下进行

---

[1] ［美］沃伦·R·本特森. 观察儿童——儿童行为观察记录指南［M］. 于开莲，王银玲，译. 北京：人民教育出版社，2009：113.

[2] ［美］沃伦·R·本特森. 观察儿童——儿童行为观察记录指南［M］. 于开莲，王银玲，译. 北京：人民教育出版社，2009：113.

的自然观察。另外，日记记录的信息可以长期永久保存，便于日后的分析与解读。

日记描述法的不足主要体现在需要由关系亲密的人进行长期追踪观察，因此多数观察者较难操作运用，即便是在托幼机构中，与儿童相处时间较长、关系较为亲密的教师，也较难实施。同时，由于观察者往往是儿童的父母，因此在对观察记录的信息进行分析与解读时，难免带有主观性，出现过高评价自己孩子的现象。日记描述法侧重于关注个体幼儿，样本量少，通常就是一个儿童，因此由一个人的样本量推断出整个群体的发展特征，略显数据支撑不足，缺乏说服力，研究结果往往较难迁到其他儿童身上。日记描述需要用日日追踪观察记录，因而工作量较大，耗时耗力较多；并且所搜集到的信息资料较多，分析处理起来也相对困难。

（三）实践运用

正如前文所述，在运用日记描述法时，通常是由父母等长期与幼儿接触的人进行观察记录，且记录周期长，因此这种方法在托幼机构运用得较少。但是在一些个案研究或是有特殊需要的儿童的研究中，也会被使用。由于技术的日益发展，录音、录像等设备被运用得越来越多，它们可以辅助进行观察记录，这也使得这种方法在一定范围内仍有一定的适用性。

在我国，关于日记描述的经典研究，较早的当属陈鹤琴先生的研究。他在 20 世纪 20 年代，以自己的长子陈一鸣为观察对象，从其出生开始，逐日观察记录其动作、语言、情绪、美感、游戏等诸多方面的发展，连续记录 808 天，留下了详细的文字记录和摄影记录，并最终写成《儿童心理之研究》一书。该书对儿童心理发展的规律和年龄特征等问题都进行了较为全面的分析与解读，为我国儿童教育研究及其科学化发展奠定了坚实的基础。书中具体的日记观察记录详见如下案例。

①

第 37 星期

（84）辨别冷热：他坐在窗台上看见一把茶壶，就去拿，因为茶壶太热，他立刻就放手了。

第 38 星期

第 260 天

（86）今天把一只小龟养在面盆里，让他看看。他一看见水中能动的小龟，立刻伸右手来捉。

（87）近来他很喜欢撕纸，恐怕他是喜欢撕纸的感觉，和撕纸的声音。

（88）近来他喜欢上下跳跃：你抱他立在膝上，两手扶着他的两肋，并提他一下，他就上下跳跃，之后一旦抱着他，把他立在膝上，其就要跳了。

---

① 北京市教育科学研究所. 陈鹤琴全集（第一卷）[M]. 南京：江苏教育出版社，1987：70、76.

（89）他能独自坐了。

（90）他时常口出声音，如"poo-wa poo-wa"。

（91）他喜欢听钢琴的声音，后来看见钢琴就喜欢了。

（92）非常地喜欢骑脚踏车（人扶着他骑在钢条上行走）。

第61个星期

（140）独自言语，独自叫喊。

（141）在饮食自理方面格外进步：面包上他自己加果酱，要自己吃。

四、轶事记录法

（一）含义

轶事记录法是指对一些独特的、特殊的事件或者是观察者认为很有意义的、自己感兴趣的事件进行观察记录。也就是说，只要观察者认为当时当地的事件或行为值得记录、有意义，就可以记录。这种观察记录往往事先没有计划，更多是某个独特事件或者一些不经常出现的行为偶然出现了，但很有意义、值得记录，才引起观察者的注意，并予以记录。

做轶事记录时，首先需要确定某个事件是否值得记录，而能否做出有效判断，很多时候取决于观察者的专业积累和专业判断。也就是说，观察者需要调动所学专业知识，基于自己平时对幼儿的了解，判断某一事件发生对某个幼儿或某个群体而言，是否具有较为重要的意义。否则的话，如果不能及时做出专业判断，可能就会错过一些有用信息。其次，观察者需要及时地将事件记录下来。如果当时当地由于要组织教学等其他原因，无法及时完整记录，可先做简要标记，重点记录一些重要信息，事后再回忆补充详细的资料。

（二）特点

轶事记录往往没有预先计划，经常记录一些突发的、有意义的事件。观察者无须提前准备太多，事件发生了，随时随地记录即可，因而比较简便灵活，容易操作。

做轶事记录时，需要观察者有较强的专业敏感性，把握随机教育契机，能够及时捕捉到儿童身上发生的有意义的事件和有用信息。

轶事记录能较为详细地记录事件和行为，包括行为发生的情境、原因、具体表现、结果和影响等，能够为日后分析及运用提供较为翔实的信息。

另外注意区分轶事记录和事件取样两种方法。"轶事记录更接近于事件抽样，因为二者都关注特定的行为或特定的行为类别。但是，轶事记录对不寻常的行为没有预期，只在行为出现时才观察和记录。"① 也就是说，对于观察行为，轶事记录往往事先没有计划，而

---

① ［美］沃伦·R·本特森. 观察儿童——儿童行为观察记录指南［M］. 于开莲，王银玲，译. 北京：人民教育出版社，2009：119.

事件取样则需要事先做好计划。另外，事件取样适合记录经常出现的行为或典型性的行为，轶事记录既可以关注儿童的典型行为，也可以关注儿童身上不常出现的行为，而更多时候则是记录不经常出现的、突发的、有意义的行为。

轶事记录的不足之处在于，某个事件是否有意义、值得记录，较多取决于观察者的个人偏好，因而记录和分析时往往会掺杂观察者的主观倾向性。轶事记录可以在观察结束后记录，应用比较灵活，但也会因此出现遗漏、扭曲当时现场信息的问题。

（三）实践运用

实践中运用轶事记录法时，观察者应保持较高的专业敏感度，及时关注幼儿行为表现中有价值、有意义的行为和事件。比如如下案例，在汽车制作活动中，观察者发现幼儿的行为能特别表现出其问题的解决意识及其对问题解决策略的探索尝试，遂予以及时观察记录。

案例[①]

> 某幼儿（女，5岁半）在制作汽车时，用光盘当汽车的车轮，并用透明胶布将四个光盘分别粘在车身的两个侧部。粘好后，将汽车平放在桌面上，汽车站不稳，歪歪扭扭、晃晃悠悠的。幼儿看了看，用手按了按、压了压车身，似乎明白了是什么原因（寻找问题的真正原因和关键性信息——四个车轮不在同一水平线上，有高有低，有的轮子没有着地），然后，就把其中的一个光盘往下拽了拽（动手操作，有目的地解决问题），再放平，一看，还是不稳（问题的中间状态，界于初始状态和目标状态之间的表征），就继续把光盘往下拽，直到四张光盘都在一个水平线上，汽车站稳为止，从而基本成功地解决了问题（实现问题的目标状态，即汽车平稳站立）。

五、实况详录法

（一）含义

实况详录法是观察者用描述性的方法，持续不断地、详细记录行为发生的全过程。这种方法开放性强，观察者不加选择地搜集大量信息，完整、翔实地呈现行为发生的全貌。

做实况详录时，观察者首先要尽可能详细、全面地将儿童的各种行为表现、动作、言语、表情以及当时的情绪状态，整个事件发生、发展的前因后果，以及观察者或教师与幼儿、幼儿之间的各种对话等，都逐一记录下来。观察记录的方法以描述性的方法记录为主，而不是做简要概括式的总结、推论。

---

① 于开莲. 幼儿手工制作活动中的问题解决与教师指导. 学前教育研究，2008（2）：55.

(二)特点

实况详录法无须事先做过多计划,也不用事先准备复杂的观察工具,只要情境适合,可随时记录。观察记录时,往往不加选择地搜集大量信息,因而可以全面翔实地记录行为发生的全过程。观察记录所采用的方式主要是直接描述、客观记录,不做总结概括或归纳评价,不涉及复杂的观察技巧,因而更容易被经常使用。整个记录过程不需要做过多解释、概括,更多是原貌呈现。另外,因为是呈现原貌,实况详录法能永久保存记录资料。

但使用实况详录法时,因为需要持续做详尽记录,持续时间较长,比如一个小时或更长时间,因此会耗费较多的时间和精力,也容易造成观察者的疲惫。当前随着技术的发展,做实况详录时,辅之以录音、录像等设备,这样可以在一定程度上减少工作量,又可以反复重放收看,避免遗漏一些重要细节,从而提升观察记录的实效。另外,虽然搜集了大量信息,但其中的有用信息有多少,值得怀疑,因而会在一定程度上影响观察质量及所搜集信息的价值。后期分析运用这些观察记录时,面对如此纷繁复杂的原始资料,如何有效筛选、判断,做出深入而有效的分析解读,也需要花费大量功夫,对观察者的专业性有更高的要求,因而具有一定的难度。

(三)实践运用

实况详录法在幼儿园的教育实践以及教科研研究中,经常会被使用。比如观察记录幼儿在实际生活中的同伴交往冲突——为何冲突,具体的冲突表现是什么,期间有怎样的对话,幼儿是如何解决冲突的,是否有教师干预指导,以及如何干预指导,等等,这些都可以做翔实的实况记录。具体参见如下案例。

[1]

> 中班,教师组织幼儿进行数学插片活动。活动后,教师请小朋友把手中的插片收回玩具筐里。幼儿A觉得B收得太慢,伸手拿起B手里的玩具便往筐里放,B没说话直接向A脸上抓去。A觉得很疼,告诉了老师。
>
> A:老师,他打我,疼。
>
> 师:(看到A的脸被B抓伤了)B,你怎么能把小朋友抓得这么厉害呢?老师首先要批评你,不管发生了什么事,打人都是不对的。(B没有说话,低下了头)
>
> 师:A,告诉老师发生了什么事情。
>
> A:我觉得B收玩具收得太慢了,我想帮他收,然后他就打我了。
>
> 师:B,你告诉老师发生了什么事情。
>
> B:他要抢我玩具。
>
> A:我没有。

---

[1] 于开莲,徐菲. 教师如何指导幼儿解决同伴冲突[J]. 学前教育,2009(6):9.

师：好了，老师明白到底是怎么回事了。A觉得B收玩具收得太慢，所以想帮助他，但没有先跟他说，所以B以为A要抢他的玩具，抓了A，老师这么说你们觉得对吗？（两个孩子同时点头）那好了，老师要先带A去看大夫，等看完了再说。但B，你要陪A一起看大夫。（老师带两个孩子去医务室，A走得慢，老师让B牵着A的手）

师：（医生给A处理伤口，B站在一边看）B，你觉得A疼吗？

B：疼。（看了一眼老师，低下了头）

师：（医生给A敷冰块，老师拿过冰块在B脸上贴了一下）凉吗？B，舒服吗？

B：（躲了一下）凉，不舒服。

师：你愿意看见A这样吗？

B：老师，我不愿意。

师：那你应该怎么做呢？

B：A，对不起。

A：没关系。（B牵着A回班）

师：B，去帮A敷冰块。（B一直帮A敷冰块）

师：B，手凉吗？

B：凉。

师：你看，就是你刚才的一抓，让A在大冬天还把冰块放在脸上，小脸都冻红了。所以你看，打人是多不好的一件事啊！不管你和别的小朋友发生了什么事情，你都应该先跟他讲道理、先问问他，而不要上来就打。明白吗？

B：明白了，老师，我以后不打人了。

师：好了，你去把A叫来。（二人来到老师面前）A，虽然今天你受伤了，但老师也要说你一下。老师经常跟你们讲要学会使用礼貌用语，你今天不应该上来就拿B的玩具，让他以为你要抢他的玩具，你应该怎么说啊？重新跟B说一遍。

A：B，我能帮你收玩具吗？

B：可以。

师：如果你们今天能这样说话，还会被老师批评吗？（二人同时摇头）好，互相道个歉。

B：A，对不起，我不应该打你。

A：没关系。B，我应该先问问你，再帮你收玩具。

B：没关系。

师：拥抱一下吧！（二人笑着拥抱）

六、行为检核法

（一）含义

行为检核法也叫检核表法或清单法，是指检查、核对某种特定行为是否出现的一种方法。即将儿童的一系列行为项目排列成清单式的表格，并标明关于这些项目是否出现的两种选择（"有"或"无"、"是"或"否"），观察者判断后对儿童的行为是否呈现做出选择并做标记。

进行行为检核时，第一，需要确定所要观察的内容或是要检核的项目，即确定"我要观察什么"。一般而言，检核的项目包括静态的背景信息和动态的行为表现信息。背景信息指年龄、性别、民族等；动态信息则指所要观察的特定行为。第二，对观察项目进行逐一分解，细化目标行为，详细列出所有重要项目，并按照一定的逻辑关系，组织这些观察项目，使其结构化，也便于日后分析。第三，设计结构化的观察记录表格。记录表格一般要包括观察时间、地点、观察者等信息，以及被观察者的基本信息，如性别、年龄、所在班级等静态的背景信息；另外一部分内容就是所要观察的重点——儿童的一系列行为表现，观察者事先要将这些行为表现进行分类，并按照一定的逻辑结构进行组织，各个行为表现之间互不交叉重复，并且尽量能穷尽观察内容所涉及的所有内容，以保证观察的全面性。第四，在观察多次之后，进一步调整和完善检核表，尤其是对于其中具体的观察项目，要边应用边检验其合理性，最终使其逻辑结构合理、各个项目之间不交叉重复、内容涵盖全面，从而形成比较完整的行为检核表，全面反映所要观察的内容。第五，实际观察时，对照检核表，观察幼儿的行为表现，当幼儿表现出某种想要观察的特定行为时，即在检核表上做出相应标记。第六，依据相关理论知识，对所得数据进行整理分析。

（二）特点

行为检核的最大特点是简便易行，教师可以随时记录，而且记录起来也很方便，只需在表格上做简要标记即可，因而较为高效、方便、快捷。

检核表需要高度结构化，具体观察维度的呈现要有一定的逻辑结构，层次清晰，因而所记录信息相对比较科学、严谨。

观察检核之前，要做好详细的准备工作，比如要观察什么项目，具体如何分解，观察的时间和情境等，而正因为有了这些观察前的准备，才使行为检核的目的更加明确，更容易收集到所希望得到的信息。

行为检核法适用于多种情境，无论是幼儿的日常生活、游戏玩耍，还是上课学知识等情境，都可以用检核表进行观察。而且检核表既可以被单独使用，也可以结合其他观察方法一起使用。

检核表还可以帮助观察者进行对比分析，也就是说它"可以提供'基线'信息，你可以把基线与随后观察所得的同类检核表记录做比较，以揭示随时间流逝而产生的发展或行

第一章 观察的基本问题

为变化"①。

虽然行为检核法有诸多优点,但其缺点也比较明显。其中最主要的缺点就是不保留原始数据,只标记行为有无或是否出现,无法知晓行为发生的详细细节,比如原因、背景以及持续情况等。因此单独使用行为检核,所获得数据可能会存在偏颇,或者只能获得一些比较表面的行为,在实际应用时,应结合其他方法综合使用。

(三) 实践运用

行为检核法是最简便易行的方法,也是在实践中教师运用最多的观察方法。但在使用行为检核法时,最关键之处就是要在使用前做好详细计划和周密安排,明确界定所要观察的内容,细化目标行为,设计和完善行为检核表。例如,要观察小班初入园幼儿的入园适应情况,则首要要对入园适应进行界定,确定观察项目,并逐渐将观察项目分解、细化为具体的维度,最后再设计成检核表格,并不断完善,具体参见表1-6。

表1-6　小班初入园幼儿的入园适应情况检核表

幼儿姓名:　　　　　年龄:　　　　性别:
检核内容:入园适应　　检核人:　　　检核时间:

	行　为　表　现	是	否
适应集体生活	喜欢上幼儿园,对幼儿园生活感到好奇		
	对集体活动感兴趣		
	能在老师带领下参与集体活动		
	能遵守集体生活的规则		
情绪调节	父母离开时哭闹,有分离焦虑		
	在园活动时,情绪不稳定,持续哭闹,嚷着要回家		
独立性	能自己穿、脱衣服		
	能自己用勺子吃饭		
	能自己上厕所		
	能自己喝水		
与人交往	能向老师表达自己的需求		
	能与同伴一起玩		

---

① [美]沃伦·R·本特森. 观察儿童——儿童行为观察记录指南[M]. 于开莲,王银玲,译. 北京:人民教育出版社,2009:135.

七、等级评定法

（一）含义

等级评定法是指对儿童的行为表现进行观察后，对行为所达到的等级水平、程度、性质或发生的频率等进行判断评定的一种方法。等级评定法类似于行为检核表，但行为检核表主要是判断行为是否出现，而等级评定法不仅要判断行为是否出现，还要判定行为所处的等级水平，因而需要对行为的各种表现进行赋值或定性。

在运用等级评定法时，首先要确定所要观察的内容，并对观察内容进行更为细致的分解和类别划分，确定所要观察的具体维度。其次是对行为表现的等级进行赋值或定性。一般来说，比较常见的等级划分有出现频次、程度的划分，即经常、偶尔、一般、很少、从不；也有表现性质好坏强弱的划分，比如非常好、较好、一般或中等、较弱或非常弱等。再次，在所有观察内容和观察的等级水平确定之后，设计简便实用的观察记录表格，内容涉及幼儿的基本信息，以及所确定好的观察内容和等级水平等。最后，观察、记录幼儿的行为表现，对行为所处的等级进行直接勾选，以便于后续分析。同时，在多次观察和评定的过程中，需不断检验等级量表的合理性，不断调整和完善，最终形成完备、实用的等级评定量表。

（二）特点

等级评定法与检核表类似，使用起来方便、快捷，节省时间和精力。对幼儿的行为进行观察之后，对应检核表，直接勾选相应的等级水平，或是填写相应等级所代表的数字。整体观察评定过程相对比较简单易行，便于操作。

等级评定法的使用较为灵活，可以现场观察、现场记录和评定，也可以不在现场直接观察与记录，而是在事后，根据观察者对被观察者的回忆，进行判定。

等级评定法也需要高度结构化，在观察之前，对具体的观察维度要有清晰的界定，并按照一定的逻辑结构进行组织，在方法的运用上相对比较科学、严谨。

等级评定法与行为检核法一样，适用范围比较广泛，幼儿在一日生活各环节中的各种行为表现，都可以用这种方法进行观察、记录与评定。

等级评定法的一个明显缺点是，在进行等级评定时，容易带入观察评定者的主观偏见，从而导致评定结果的主观性较强，尤其是如果只有一名观察者时，评定结果往往更加不客观。另一个缺点是，只用符号或直接勾选的方式进行评定，不记录原始信息，会导致观察者无法详细了解幼儿行为发生发展的诸多细节和情境信息，从而影响观察者对幼儿行为表现进行全面、深入了解以及对其背后因果关系进行深入探察。

（三）实践运用

等级评定法操作方法简单，方便实用，是实践中教师比较常用的一种观察评价方法。但在实际进行等级评定时，也要事先做好充分准备，深入了解掌握所要观察内容的具体内涵和行为表现，明确界定各类行为的表现等级。比如要观察幼儿的进餐行为，则首先需要明确可以从哪些角度观察这一行为，对行为进行进一步的分解，比如进餐行为，可以分进餐前、中、后三个时段进行观察，同时每个时段所涉及的具体观察内容又有不同，比如进餐前，要观察幼儿的卫生习惯等，进餐中则观察对进餐用具的使用、是否挑食等；其次是确定等级评定的维度，是记录出现频率，还是区分好坏程度；再次，设计一个观察记录表，前面记录观察的基本信息，包括观察对象、观察者及观察时间、地点等，后面将所要观察的进餐行为的各个项目，都逐一列入；最后，在实践中，对照表格中的项目，对幼儿行为进行观察、记录和评定。具体等级评定法的使用，参见表 1-7 和表 1-8 中的两个案例。

需要特别强调的是，在运用等级评定法时，评价的根本目的不是贴标签、定等级，而是了解幼儿行为的表现程度、性质和特点，及时发现问题和不足，然后为幼儿行为的健康发展提供有效指导。实践运用时，切勿因为过于专注等级评定或是盲目给幼儿贴标签，而忽略了对幼儿行为表现及问题的分析、诊断和及时指导。

表 1-7　幼儿进餐习惯等级评定表 [①]

观察目标：　　　　　观察对象：
观察方法：　　　　　观察者：　　　　　观察时间：

内容	项目	经常	偶尔	很少	从不
进餐前	认真洗手				
	安静等待吃饭				
进餐中	正确使用餐具				
	掌握正确的就餐姿势				
	不挑食，不偏食				
	自觉快速地吃完餐食				
	不乱扔残渣				
进餐后	将饭桌收拾干净				
	自觉漱口和擦嘴				

---

① 侯素雯，林建华. 幼儿行为观察与指导我们这样做［M］. 上海：华东师范大学出版社，2016：31，略有改动.

表 1-8 等级量表简表示例（动作发展：8~12个月）[①]

观察对象： 观察者：
观察时间： 观察地点：

动作机能	优秀	很好	好	中等	差
用一只手够物，抓住别人递来的物体					
将物体从一只手转到另一只手，能摆弄物体					
能堆叠物体，或将一个物体放入另一个物体中					
用拇指、食指对捏，捡起小物体或食物					
故意抛或扔物体，但不能自觉地放下物体					
表现出自己站立起来的初步能力					
开始独自站立，依靠家具支撑身体，以横跨步的方式围着障碍物移动					
靠双手和双膝爬行，爬上或爬下楼梯					

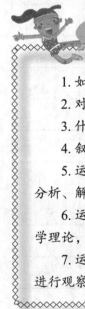

思考与练习

1. 如何理解观察的含义？观察、评价与教学具有怎样的相互关系？
2. 对幼儿的行为进行观察时，适宜采用自然观察还是实验观察？为什么？
3. 什么是正式观察和非正式观察，二者有什么区别？请结合实例说明。
4. 叙述观察、取样观察和评定观察各自具有怎样的特点？请结合实例说明。
5. 运用事件取样法，对幼儿的攻击性行为进行观察、记录，并运用所学理论，分析、解释幼儿的行为表现。
6. 运用轶事记录法，记录幼儿在语言表达与交流方面的行为表现，并结合所学理论，对幼儿的语言学习与发展特点进行分析。
7. 运用行为检核法，设计观察记录表，对幼儿在生活环节中的独立自主行为进行观察、记录。

---

① ［美］沃伦·R·本特森. 观察儿童——儿童行为观察记录指南［M］. 于开莲，王银玲，译. 北京：人民教育出版社，2009：139，略有改动.

第二章 幼儿行为的观察、分析与指导

学习目标

1. 理解幼儿行为观察的含义与意义，以及应遵循的基本原则
2. 掌握幼儿行为观察、分析与指导的基本步骤与策略要点，增强实践运用能力

案例呈现

为什么要观察幼儿？

在与幼儿园教师接触的过程中，经常听到这样的抱怨："上学实习那会儿，老师就要求我们观察班里的孩子，每天还要写观察笔记，现在工作了，园里要求我们每周要交3~5篇观察记录，每周至少要录五六个小朋友的活动视频，要时刻拍下幼儿活动的照片，并上传到网上或发给微信群里的家长。可是我们每天那么忙，哪有时间一个个录像或拍照！所以经常是找一个集中的时间，把事先准备好的材料放在那里，然后轮流让孩子坐在那里，进行摆拍。可即便是这样，也都得花挺长时间。所以，为什么我们非要观察呢？我们不是应该想想怎么把自己的教学搞好吗？搞不懂园里为什么要求我们做这些事情！"

可能有些教师与上述案例中的教师想法一样，对幼儿园的观察工作存在很多困惑。为什么要花那么多的时间去观察幼儿的行为？目的是什么？幼儿行为观察对促进幼儿发展和教师的专业成长具有何种意义？幼儿行为观察应该遵循哪些基本原则、如何操作？观察完就够了吗？在观察的基础上怎样进行分析和指导，才能真正发挥观察的作用？基于对这些问题的思考，本章将重点探讨幼儿行为观察、分析与指导的基本问题。

第一节 幼儿行为的观察

第一节主要探讨观察的基本问题,包括幼儿行为观察的基本含义、意义,以及在观察时应注意遵循的基本原则等。

一、幼儿行为观察的含义与意义

如前文所述,观察是指通过一个或多个感官来获取信息,理解这些信息的意义,并以有意义的方式运用这些信息。根据这一概念,幼儿行为观察是专门针对幼儿的行为表现进行的观察,指在自然的状态或情境下,通过感官或借助一定的仪器设备,有目的、有计划地搜集有关幼儿的信息并对这些信息进行意义解释与有效运用的过程。

对幼儿的行为进行观察具有重要意义。首先,通过观察,可以加深对幼儿的了解与认识,了解幼儿在言语表达、身体运动、社会交往、情感表达等各方面能力的发展情况,还可以通过对幼儿这些外部行为特征的分析,深入洞察幼儿的一些内部心理特征,探寻行为背后的原因。而观察的最终目的就是要对观察信息做科学的评价和解读,透过现象看本质,了解儿童行为背后的原因,以此作为指导和教育幼儿的重要依据,促进幼儿的学习与发展。其次,通过行为观察所获得的信息资料,能够更好地为教师开展教育教学提供依据,是教师设计和开展有价值的教育活动的前提基础,可以帮助教师判断所设计的教育活动和提供的指导是否适宜,是否满足了幼儿的学习兴趣和发展需要,是否取得了良好的教育效果。最后,通过观察,也可以促进教师的专业发展。教师在观察、解读幼儿以及支持幼儿发展的过程中,不断反思自己的教学实践,积极改进教学,从而不断提升自身的教育教学能力,提升专业素养。

二、幼儿行为观察的基本原则

原则指言行所依据的规范和准则。幼儿行为观察的原则就是指在对幼儿进行行为观察的时候应遵循的基本要求、准则。具体而言,观察者在观察幼儿时,应遵循如下基本原则。

(一)整体性原则

《幼儿园教育指导纲要(试行)》(以下简称《纲要》)中强调,"幼儿园的教育应该从不同的角度促进幼儿情感、态度、能力、知识、技能等方面的发展",并特别指出,"全面了解幼儿的发展状况,防止片面性,尤其要避免只重知识和技能,忽略情感、社会性和实际能力的倾向"。在《3~6岁儿童学习与发展指南》(以下简称《指南》)中也明确指出,"儿童的发展是一个整体,要特别关注幼儿学习与发展的整体性"。所以对幼儿进行行为观

第二章 幼儿行为的观察、分析与指导

察也必须遵循整体性的原则，即幼儿行为观察要面向全体幼儿，并要关照幼儿的多方面发展。具体践行观察的整体性原则时，应做到如下几点。

首先，观察对象的范围是每一个幼儿。每个幼儿的行为表现和发展水平都是不同的，也都存在其优势和劣势领域。在对幼儿进行观察的过程中，要注意观察每一个幼儿的不同行为表现，而不是只观察那些行为表现特别突出或是少数有行为问题的孩子。

其次，观察的内容应该是幼儿的每一个方面。幼儿园教育的根本任务是促进幼儿身体、认知、语言、社会性、情感等方面全面和谐的发展。所以我们观察幼儿的时候也应该去观察其诸多方面的行为表现，避免片面地关注幼儿的某一个方面或是只关注其典型的行为表现，比如一些教师在进行观察的时候，往往关注幼儿的学习和各种认知技能的掌握情况，而忽视对其兴趣、探索、交往、情感表达等方面的在意。

最后，观察的工作应该伴随着幼儿生活、游戏、教育活动的各环节。对于幼儿的很多行为，其常常在不同的情境下有不同的表现，所以我们应该把对幼儿的行为观察置于一日活动的各环节中，全面收集幼儿在各环节的行为表现，然后将其进行全面对比分析，以此来获得关于幼儿发展的全面信息。

（二）真实性原则

真实性原则也称"客观性原则"，一般是指对幼儿行为进行观察时应该在真实自然的状态和情境下进行，对幼儿的行为表现进行详细记录，并要客观地对各方面信息进行科学分析，如实呈现幼儿发展的全部信息。

贯彻真实性原则时要做到以下几点：

首先，要保证观察在真实自然的状态或情境下进行。因为在自然状态或情境下所观察的现象或行为最为真实，它们以本来面目客观地呈现出来，确保了幼儿的行为表现是真实、自然的。

其次，真实性原则还要求观察者尽量做到直接参与观察过程。由于观察者身临其境，能够亲眼看到幼儿所发生的行为，亲耳听到幼儿的谈论，因而能保证所获得的信息是真切、直观、具体的。

再次，真实性原则还要求观察者在观察的过程中如实记录幼儿的行为表现。教师要确保如实地记录所发生的事情，以客观白描的方式，还原行为和事件的原貌。同时也要考虑如果他人阅读你的观察记录，能否也能清楚地了解到你所观察的现象。

最后，在对所获观察资料进行分析与评价时尽量不带任何偏见，避免主观臆断，基于观察事实，尽量客观地分析和利用观察资料。

（三）发展性原则

对幼儿行为进行观察的主要目的在于识别和了解儿童发展的水平，确定儿童发展的潜力和需要，而不是筛选和甄别幼儿，或者是给幼儿贴标签。因为幼儿本身是一个有着丰富的内涵、不断发展变化着的个体，幼儿的发展存在普遍性、可预知的顺序，也就是具有一定的阶段性。所以教师在进行观察时要时刻以"发展性"的眼光来看待幼儿的各种行为表

现，既要了解幼儿发展的现有水平，更要关注其发展的速度、特点和倾向等。[①]观察、评价的最终目的是促进幼儿的学习与发展。

贯彻发展性原则重点要求教师要做到将静态观察和动态观察相结合，所谓静态观察就是对照幼儿学习与发展的标准和要求，对其是否达到发展要求进行观察，主要看某一段时间或阶段内幼儿发展的行为表现。而动态观察就是不仅要关注幼儿某一特定时间或阶段内的发展情况，还要通过不断地将其行为表现与之前的进行比较，预测他们今后的发展潜力和趋势。因为静态观察和动态观察都有其优势，也有其不足，所以要求教师在观察时要根据实际情况进行结合，以达到对幼儿的全面了解。

（四）系统性原则

系统性原则要求在进行观察时要制订一套较完整的观察计划。一般而言，贯彻系统性原则要做到以下几点。

首先，确定观察目标，界定所要观察的行为。观察者在观察前必须明确要观察什么，最好是能对所要观察的行为和目标进行可操作性的定义，包括观察幼儿的何种行为，如何理解该行为，以及具体包括哪些内容等。

其次，为了保证观察的有序进行，还要预测好观察的时间，观察的主要场合以及幼儿可能会在这个时间、场合里发生的大概行为，对观察行为有个初步的预估，以保证观察工作的有序进行，做到事半功倍。

再次，确定好观察使用的工具或材料，最重要的是确定观察记录的方法。观察记录的方法我们在前面已经做了相关论述，最常见的观察记录方法包括时间取样法、事件取样法、日记描述法、轶事记录法、实况详录法、行为检核法以及等级评定法，等等。同时，在确定观察记录方法后，需要做好相应准备，明确观察的步骤，详细制作表格，确定观察记录的方式等。

最后，还要做好一些其他方面的准备，比如确定观察人员，准备好一些观察可能用到的辅助材料，比如录像设备、拍照设备等，尤其是对实施观察的人，最好能够事先进行学习和培训，以确保观察的专业性。

（五）儿童权益保护原则

幼儿虽然是被我们观察的对象，但是有自己独立的人格和价值，有自己独特的思想和观点，是需要成人理解和尊重的个体。幼儿享有生存权、受保护权、发展权、受教育权、参与权、隐私权等各种权利，即使我们进行观察的最终目的是促进幼儿发展，但也不能打着"为了幼儿好"的旗号做出有损于幼儿健康发展的行为，所以观察的目的、观察资料的获取、观察后的评价以及应用等方面都应该以保护幼儿的利益为基础，这就是所谓的"儿童权益保护原则"。儿童权益保护原则需要我们做到以下几点：

首先，明确观察的目的是为幼儿创造更好的教育环境，为幼儿提供更加适宜的教育方

---

① 潘月娟. 学前儿童观察与评价［M］. 北京：北京师范大学出版社，2016：16.

法，促进幼儿的发展，这才是真正保障幼儿的发展权和受教育权的实现。[①]虽然我们已经认识到幼儿作为独立个体的地位，但由于其缺乏足够的经验和能力，缺乏表现自己需求、主张自己权利的能力，所以他们权利的保护和实现更多是依赖于成人。因此在任何情况下，观察者都不能以收集观察资料为由，干扰或者控制幼儿正常的活动需求、活动时间等。

其次，要注意观察资料的使用以及做好相应的保密工作。任何观察资料的使用都要考虑到不能伤害幼儿，使用时要从积极方面看待幼儿的行为表现。任何资料的使用必须得到主管人员尤其是获得幼儿父母或是主要看护者的允许。同时，任何观察都要注意保密性，一是观察资料的保存要安全，不存在随时泄露的危险；二是在分析观察资料时，要注意对幼儿的基本信息进行保密，保护幼儿的隐私。

总之，对于幼儿，我们懂得太少，需要做的又太多。观察幼儿行为是了解幼儿的第一步，唯有潜心观察、客观记录、有效分析、全面解读，才有可能让我们走近幼儿的世界，并在幼儿的学习过程中给予适当的帮助。

三、幼儿行为观察的基本步骤

一般而言，在实际观察幼儿行为时，基本应遵循如下步骤。

（一）明确观察目的

明确观察目的，即观察的主要意图是什么，为什么要观察，要解决什么问题。明确观察目的可以使观察过程更加聚焦、明确，有的放矢，也可以避免遗漏重要信息。例如如下案例，首先明确观察目的是了解5岁幼儿语言学习与发展的基本特点。

案例

观察目的：了解5岁幼儿语言学习与发展的基本特点。
观察对象：1名5岁男幼儿，1名5岁女幼儿。
观察地点：幼儿园班级室内教室。
观察时间：生活活动、游戏活动和集体教学活动时间。
观察方法：实况详录法。详细记录幼儿在日常生活中的生活活动、游戏活动和集体教学活动中的言语表达和交流情况。每个活动环节各记录1次。

（二）确定观察内容与要点

根据观察的目的要求，确定具体观察的内容，指出要观察儿童的哪些行为表现或者儿童学习与发展的哪些领域，抑或是儿童的学习风格特征、学习品质等。在这基础上，还要将观察内容细化、具体化，明确具体的观察要点和指标，以便于观察记录。例如如下案

[①] 潘月娟. 学前儿童观察与评价［M］. 北京：北京师范大学出版社，2016：21.

例，观察的内容是大班幼儿的同伴交往冲突，而具体要观察什么，则需要更细致的观察要点或指标，如观察记录冲突的起因、发生的过程、幼儿的解决对策等。

案例

观察目的：了解大班幼儿同伴交往冲突表现及其解决策略。

观察对象：大班幼儿。

观察内容：幼儿的同伴交往冲突。具体包括冲突的起因、发生的过程、幼儿的解决对策、教师的指导策略、冲突解决的结果等。

观察方法：事件取样法。

（三）筛选观察对象

根据观察目的和观察需要，筛选确定研究对象。比如明确是哪个年龄阶段的幼儿，是个体儿童，是小组儿童，还是群组儿童；是一般儿童，还是有某种特殊行为表现的儿童等。另外，有些观察对象也可能是随机确定的，也就是说，在日常生活中，可能会遇到一些突发情况，或是幼儿身上表现出一些特别的行为，值得观察记录，同时有价值、有意义，这时教师可以及时把握随机教育契机，选择该幼儿作为观察对象。例如，当教师发现4个幼儿一起玩游戏，幼儿之间发生冲突、无法协调时，就可以及时观察，详细记录这几名幼儿在发生同伴交往冲突时的不同表现。

（四）选定观察时间和地点

在正式观察之前，要确定具体的观察时间、地点或场景。比如时间是在早晨入园时还是下午午睡后；地点是在班级区角还是在户外；是自然的场景，还是设定的场景，比如要考查幼儿的数学认知能力，可能教师会设定一些任务，并提供专门的操作材料，这样的情景就不完全是自然的，是有一定的设定和安排的。

案例

观察目的：了解小班幼儿的数学点数能力。

观察对象：5名3岁男幼儿，5名3岁女幼儿。

观察地点：幼儿园班级教室的益智区。

观察时间：上午的区角活动时间，9:30—10:00。

（五）选择观察方法

根据观察目的、内容和对象的特点，选择适宜的观察方法，确定是用轶事记录法、时间取样法，还是行为检核法，等等。具体观察方法的运用，详见本书第一章的具体介绍。另外，观察时，为确保观察的全面、翔实，还可辅助使用录像机、照相机等现代信息技术设备。

（六）设计记录工具

在实际观察时，运用记录表格、观察工具，可以帮助观察者及时有效地搜集观察信息，提升观察效率。记录的工具一般是事先设计好的表格、符号或记录单等（表2-1）。

表2-1　幼儿手工制作活动观察记录表 ①

幼儿姓名：　　　性别：　　　年龄：　　　年龄班：
请根据幼儿的实际表现，在下面的相应选项中进行勾选和记录。 1.可以获得哪些学习经验 （1）与问题解决有关的学习经验，如策略选择技能、信息编码能力等 （2）学科领域的知识：对材料的认知；与制作原形的结构和功能表征有关的知识经验——艺术表征与创造、科学知识；感官满足、小肌肉和手眼协调 （3）个性特征/工作风格，如想象、创造、自信心、成就感等 （4）其他 2.制作过程中遇到的问题 （1）选择适宜的材料（如大车身，选择大的车轮等） （2）各个材料结构之间的连接、固定（如车轮和车身之间的连接、车轮和车轴之间的固定等） （3）各个材料结构之间的空间组合，整体与部分的大小比例关系，重力、平衡关系（如车身重而大，车轮小，如何将二者黏合固定） （4）作品的结构表征（如想办法把窗户表征出来） （5）作品的功能表征（如车轮转动、娃娃的头和胳膊、腿的活动等） （6）没有明显地遇到困难 3.问题解决的策略 （1）试误 （2）顿悟 （3）有目的、有计划地分析问题、解决问题 （4）模仿同伴 （5）放弃，没有解决问题 （6）没有明显地遇到困难 4.参与制作过程中的心理成分 （1）观察 （2）比较、类比 （3）想象、创造 （4）表征 （5）推理 （6）联想 （7）归纳

---

① 于开莲.大班幼儿手工制作活动过程与特点研究［D］.北京：北京师范大学，2004：35-36.

续表

幼儿姓名：	性别：	年龄	年龄班：

5. 幼儿制作过程中的个性表现（主要从以下维度进行判断分析）
（1）幼儿手工制作的目的性、计划性
（2）幼儿手工制作的坚持性（遇到问题和挫折时的态度）
（3）幼儿手工制作的注意力
（4）幼儿制作过程中的创造性
6. 幼儿手工制作作品的表征（主要从以下维度进行判断分析）
（1）空间表征水平（二维表征/三维表征）
（2）作品整体与部分的关系（重力/平衡关系、左右对称平衡关系、大小关系）
（3）作品的结构表达
（4）作品的功能表现
7. 描述或大体绘出作品的基本结构

（七）实施观察与记录

观察者在事先选定的观察时间和观察地点、场景中，按照事先的计划，根据已经确定好的观察目的、内容和要点等，进行实际观察和记录，同时可以借助照相、录像等技术，完整、客观地记录儿童的行为表现，收集全面、真实的观察信息。观察记录尽量在实际观察过程中完成，确实记录不了的，事后尽快回忆，并及时将记录信息补充完整。

第二节 幼儿行为的分析与指导

搜集完观察信息之后，如何有效运用观察信息，科学、有效地分析和评价幼儿，并基于此做出下一步的课程与教学决策，最终通过课程与教学改进，促进幼儿的学习与发展？这些问题即是本节要着重探讨的问题。

一、幼儿行为的分析

在实际观察、获取观察信息的基础上，观察者能否对这些信息、资料进行有效的分析、判断、解释和运用，直接影响观察的效果，影响教师下一步的指导。实践中，在搜集到观察信息之后，教师可以参照如下步骤和策略，对幼儿的行为表现进行分析、解读与评价。

（一）整理观察资料

观察结束后，首先需要对观察记录的信息进行初步整理。运用一些观察方法时，需要在观察之后做初步的统计和数据处理，比如运用时间取样法、事件取样法、行为检核法以及等级评定法所搜集到的观察资料，往往需要做简要的数据统计与整理，在此基础上才能对幼儿行为进行分析。而对于一些偏向质性的观察资料，如运用日记描述法、轶事记录法和实况详录法所做的观察记录，则需要在观察之后，进行回忆和核对，尽可能还原原貌，剔除主观猜测、评价等，以确保观察记录信息的真实、准确、客观和全面。

（二）分析解读幼儿的行为

在整理数据和资料的基础上，教师可以依据观察要点，对幼儿的行为进行科学分析与解读。一般而言，可以从以下角度进行分析。

1. 倾听幼儿对自身行为的解释

幼儿是自身学习与发展的主体，他们对自身行为有自己的解释与判断。因此，在观察过程中或者在观察之后，在整理观察资料的基础上，教师都可以适时征询孩子对自身行为的解释，比如请幼儿通过言语表达和绘画的形式，说说自己在做什么、为什么那样做。总之就是通过多种方式，尽可能全面、客观和真实地反映幼儿的所思所想。同时这样做也可以避免教师解释的主观性或是对幼儿行为表现的理解或解释存在偏颇之处。

2. 积极发现每个幼儿的需要、优势及进步

分析解读幼儿行为的重要目的之一就是善于发现每个幼儿自身的特点、需求，他们的优势或长处，和以前相比，有哪些进步等，积极捕捉每个幼儿身上的闪光点。正如多元智能理论及其指引下的多彩光谱评价方案所倡导的，每个幼儿的智能结构组合不同，他们都有各自的优势，也有弱势，教师的重要作用就是要善于发现幼儿的智能优势，并利用优势带动弱势。

3. 依据《指南》中的观察要点分析幼儿的学习与发展水平

《指南》由各个学习与发展领域、子领域、目标及其若干典型表现构成，为我们全面、深入地观察和了解幼儿提供了清晰的框架和导向性的指引，便于我们有目的、有计划地观察、了解幼儿，帮助我们认识和理解幼儿学习与发展的价值取向及其内涵。做实际观察和分析时，可以对照《指南》中的目标期望，分析幼儿的行为表现是否达到要求和目标期望，进而提出教育指导建议，做出下一步课程与教学决策。

案 例①

佳佳（3岁9个月）吃午饭时，大家已经开始吃了。她愣在那里，看着别的小朋友。老师走过去说："佳佳，今天自己来吃饭。"于是，佳佳拿起勺子，看着自己的碗，过了十秒左右的样子，用勺子吃了第一口，慢慢在嘴里嚼，边嚼边看着其他小朋友。吃第二口时，勺子一斜，饭掉在了桌上。吃第三口时，也不顺利，菜从碗到嘴里的途中，掉了一半。教师走过来对她说："佳佳今天自己吃了三口，老师看见了，很好。"佳佳开心地笑了笑，继续吃。

---

① 李季湄，冯晓霞.《3~6岁儿童学习与发展指南》解读［M］.北京：人民教育出版社，2013：213.

案例分析： 依据《指南》中的观察要点可以发现，佳佳的表现与健康领域—子领域（二）动作发展的目标3："手的动作灵活协调"——3~4岁幼儿"能熟练地用勺子吃饭"，还有一定的距离。但在教师的鼓励下，她能坚持、不气馁，继续尝试，说明她有意愿自己吃饭，但可能手的动作发展还不够灵活。基于此，老师可以在今后的教育引导中，着重加强佳佳手部动作的发展，促进其手的动作灵活协调。

4. 依据教育学、卫生学和心理学的相关研究，分析幼儿的行为表现

儿童教育学、卫生学和心理学关于儿童身体动作、认知、语言、情绪情感、个性及社会性等方面的研究，往往会指出儿童发展的年龄阶段、特点及规律。在分析时，可以参照这些阶段、特点和规律，对幼儿在身心发展各个方面的行为表现进行分析、解读，以明确幼儿的学习与发展是否符合该年龄阶段的基本特点和规律。

①

某幼儿（男，6岁）参加了汽车制作活动。幼儿用大的苹果箱子做汽车的车身。然后用筷子使劲在车身两侧扎洞，之后把筷子插进去。做完这步之后，幼儿看了看车身，和筷子比了比，发现筷子不够长（发现问题的真正原因：长短比例不适宜，和车身相比，筷子过短）。于是幼儿又拿来一根筷子，然后一手一根筷子，分别从车身两侧插进去，两根筷子在车身里对接。之后，幼儿请老师帮忙，用手把住两根筷子对接的地方，自己去拿透明胶布，在两根筷子对接的地方绕着粘了几圈，这样，两根筷子便连接在了一起，车轴长度也适宜了。

案例分析： 根据心理学中关于儿童问题解决的研究，可以发现，幼儿认为已经解决了问题，但由此可能还会引发其他问题，如筷子连接得不牢固，致使"车轴"总是断开等。但至少，对于车轴长短比例不适宜的问题，幼儿是通过自己的分析、判断来解决的。

5. 参照某一理论或评价工具，对幼儿的行为表现进行分析

可以参照多元智能理论及其指引下的多彩光谱评价方案、高瞻课程所采用的儿童观察评价方案（COR）、作品取样系统以及学习故事等理论及评价工具中的评价理念、思路及要点，对幼儿的行为表现进行有针对性的分析、解读。比如，参照多彩光谱评价方案的思路，可以分析、发现幼儿的智能优势、长处，并在今后的教育中积极发挥幼儿在学习与发展上的优势，取长补短。

---

① 于开莲. 幼儿手工制作活动中的问题解决与教师指导［J］. 学前教育研究，2008（2）：55.

二、幼儿行为的指导

对幼儿行为的指导，实际就是在观察、分析和评价幼儿行为表现的基础上，有效运用观察和评价信息，提出下一步指导建议。观察、分析的终极目的，就是要为下一步的课程与教学决策服务，在观察、评价和课程决策之间建立链接。一般而言，观察之后，会依据观察要点对幼儿的行为表现进行分析解读，并通过分析与解读，发现幼儿的优点、长处，分析他们的已知、已有学习经验，找到他们的问题及可能达到的发展水平，也就是说，找到幼儿学习与发展的"最近发展区"，然后为其学习与发展"支架""搭桥"，提供具体的、有针对性的指导建议。

一般而言，教师指导的重点可以有多个方面，比如幼儿的情感态度、知识和经验的掌握以及能力发展，等等；指导的方式既可以是直接指导，也可以是引导幼儿自主解决，可以通过改变环境创设或调整材料提供等，间接影响和指导幼儿。比如针对幼儿自身的情感态度问题，教师可以在尊重幼儿的基础上，不断鼓励其尝试、探索，积极参与各项活动；如果幼儿的学习与发展是受到环境材料的限制，那么教师可以为幼儿的下一步学习提供更加适宜的材料，创设丰富而富有教育意义的环境，促进幼儿与环境、材料的积极互动，主动建构学习经验；还可以先让幼儿自己去尝试，鼓励他们自己寻找解决问题的策略，增强其问题的解决能力和学习的自主性、主动性；而当幼儿的表现确实说明其缺乏具体的知识、技能时，教师可适时适当地教给他们一些具体的学习策略、交往策略；最后，如果发现幼儿的问题是普遍性的，具有典型性，还可以据此生成新的课程，拓展课程内容。

案例①

南德（4岁半）对辰辰（4岁半）说："你生了两个宝宝。"接着拿起一个玩具熊问辰辰："这是谁的？"辰辰说："这是我们俩的宝宝。"南德站起身来说："我的宝宝。"然后走到屋外，辰辰蹲在地上接着说："我要打个电话，进屋去。"马上，南德也进到屋里，说："我也打个电话。"于是，他坐在辰辰旁边，拿起手机说："喂，是我，同事。"然后南德放下电话对辰辰说："我今天要去看房，九点才回来呢。"辰辰说："你先去吧，我现在把小熊放在那儿等你。"没等辰辰说完，南德抢着说："我夜里才能回来，你先睡个觉吧！"辰辰说："好！"南德边起身离开边说："你帮我看会儿宝宝，我星期一就回来了。"南德打开篱笆门，辰辰快步走到门口，准备把小熊放在门口，似乎想说什么，这时南德抢着说："没准儿我还要出差一趟呢。"辰辰说："它、它、它在这儿等着你，等着你。"说完转身回到屋子里。南德说："行。"南德在篱笆门外刚走，又转过身来说："我还会回来的，你等我再回来。"辰辰在南德说话的时候，在篱笆门前放了件东西。南德离开篱笆门外不远处时，发现辰辰也在篱笆门这里慢慢地走着。南德跑到

---
① 案例来源：电影《小人国》。

门前，对辰辰说："辰辰，你得等我回来！"……

案例分析：对照《指南》中的目标期望，可以发现，辰辰在"别人说话时能注意听并做出回应"（语言领域目标：认真并能听懂常用语言），"愿意与他人交谈"（语言领域目标：愿意讲话并能清楚地表达），"喜欢和小朋友一起游戏"（社会领域目标：愿意与人交往），"活动时愿意接受同伴的意见和建议"（社会领域目标：能与同伴友好相处）。但她的问题可能在于仅愿意与南德一个人交往，不愿意与其他人交往，交往范围狭窄，"不喜欢结交新朋友"。

指导建议：通过上述分析可以发现辰辰的优势是"能认真听并能听懂常用语言；愿意讲话并能清楚地表达；愿意与人交往，能与同伴友好交往"，但她仅愿意与南德一个人交往，"不喜欢结交新朋友"。基于这一观察和分析，可以提出下一步的教学指导建议，即创造各种机会，积极促进辰辰接触其他小朋友，与其他小朋友一起活动、友好交往。

学者于开莲（2007）在研究评价如何为教学服务、探讨评价与教学的融合时提出了一个观察、分析与评价以及如何提出教学指导建议的思路。具体做法是，确定观察的目的和观察要点，然后设计一个真实的、结构好的活动情境，幼儿参与活动；观察者根据前期的观察，总结归纳出幼儿的行为表现水平大致可以有哪些，并逐一列出；实际观察时，观察者详细记录幼儿的行为表现；然后对照事先总结归纳出的行为表现水平，对幼儿在活动中的行为表现进行分析，确定幼儿的表现属于哪种水平；最后根据幼儿的行为表现水平，进行有针对性的教学指导建议。

比如，如下案例《医院》，观察者设计了这一角色扮演活动，主要考查幼儿的社会角色认知和社会生活常识。实际组织活动时，幼儿进行"医院"的角色扮演，观察者观察幼儿的行为表现，然后对照"《医院》行为表现评价"，分析幼儿的行为，并确定幼儿的行为属于哪种表现水平，如果是水平5，那就是"初步的或固化的社会角色认知"；能用一两种动作和一两句语言简单地表现角色，比如自言自语说："打针啦！"或者在表演过程中，对医院的了解和认识比较单一，比如，认为"护士给人送药"，护士要做的就是给病人送药，不知道还可以做其他什么事情；能与其他小朋友进行初步的语言交流、互动。最后针对这种水平，对照"延伸活动"中的"水平3~5：简单的、初步的社会角色认知"，可以提出的指导建议或下一步活动组织的建议是："给幼儿播放医院的实景录像带，出示有关医院的图片，请幼儿观察、感受，并与幼儿讨论，不断丰富幼儿的经验。"通过这种方式，围绕观察要点和幼儿在活动中可以获得的关键学习经验，将观察、分析与评价以及下一步的课程与教学紧密连接在一起，促进观察者有效运用观察和评价信息，提出有针对性的教学和指导建议。

活动：医院

关键经验： 社会角色认知，社会生活常识。

活动： 请幼儿四人一个小组，进行"医院"的角色扮演。

材料： 医院的场景，一张小床，一张小桌子和两把小椅子。材料包括听诊器，针，体温计，小药箱（里面装着若干药片，可以用小积塑插片代替），口罩，白帽子，白大褂，纸和笔（开药方用）。

过程：

1. 布置"医院"活动区

教师和幼儿一起动手，在班级教室的一个角落建立一个"医院"活动区。

2. 角色表演

教师组织幼儿四人一组，表演"医院"的场景。请四个幼儿自主分工讨论，决定谁扮演什么角色。其中一人扮演医生，一人扮演护士，一人扮演生病的小朋友，剩下的那个人扮演小朋友的妈妈。

表演前教师提醒幼儿思考：

（1）扮演生病的小朋友要想一想，生病的时候应该是怎样的；

（2）扮演妈妈的小朋友要想一想，应怎样照顾孩子，带孩子去看病；

（3）扮演医生和护士的小朋友要想一想，遇到病人来看病，自己应该做什么。

在表演过程中，教师观察并记录幼儿的行为表现。小、中班幼儿每人观察10~15分钟，大班幼儿每人观察15~20分钟。

3. 幼儿访谈

表演结束后对每名幼儿进行访谈，了解幼儿对自己扮演角色及对他人扮演角色的认识。

（1）你知道自己扮演的是什么人吗？其他那几个小朋友演的又都是什么人？

（2）医生是做什么的？护士是做什么的？

（3）小朋友去医院做什么呢？

（4）你知道这些东西都是干什么用的吗（包括听诊器、针、小药箱、口罩等）？

表2-2所示为《医院》行为表现评价。

---

① 于开莲. "为教学服务的评价"理论与实践研究——以幼儿园社会领域为例［D］. 北京：北京师范大学博士学位论文，2007：104-112.

表2-2 《医院》行为表现评价

水平	名称	表现指标
0	未参与	没有参与活动
1	参与未表演，缺乏对社会角色的认知	能参与活动，但基本没有表演任何角色，只是看或摆弄材料，所做的活动基本与医院活动无关，基本游离于活动之外
2	模糊的社会角色意识	有一定的角色意识，但基本没有表演任何角色，或者不知如何表演角色，比如，知道自己扮演医生，但不知道医生具体该做什么，该怎么做
3	简单的社会角色认知和生活常识，动作表现，独自活动	探索、摆弄工具和材料，通过几种简单的动作，初步表现出对医院的初步认识。比如，摆弄手里的"针"，做类似打针的动作。独自活动
4	简单的社会角色认知和生活常识，动作表现，简单的交流、互动	探索、摆弄工具和材料，通过几种简单的动作，初步表现出对医院的初步认识。比如，摆弄手里的"针"，做类似打针的动作。与他人有简单的交流、互动
5	初步的或固化的社会角色认知，动作和语言表现，初步与人交流	能用一两种动作和一两句言语简单地表现角色。比如自言自语说："打针啦！"或者在表演过程中，对医院的了解和认识比较单一，比如，认为"护士给人送药"，护士要做的就是给病人送药，不知道还可以做其他什么事情。能与其他小朋友进行初步的言语交流、互动
6	较为丰富的社会角色认知，动作和语言表现，简单的交流、互动	能用三四种动作和言语表现角色。能与其他小朋友进行简单的交流、互动，比如简单的询问、问候
7	较为丰富的社会角色认知，动作和语言表现，初步的合作	能用三四种动作和言语表现角色。表演过程中对医院的认识较为丰富。比如，对护士的认识不仅局限于一种看法，认为护士不仅要送药，还要给病人打针、量体温，并做出相应的动作。能初步地与他人合作、协商，比如，互相商量分配角色，说"你扮演医生，我扮演护士""请你帮我拿东西"等
8	丰富的社会角色认知，动作和语言表现，初步的合作	用十分丰富的动作（多于五种）和言语来表现角色，社会生活常识很丰富。能初步与他人合作、协商，比如，互相商量分配角色，说"你扮演医生，我扮演护士""请你帮我拿东西"等
9	丰富的社会角色认知，初步的交流、合作，领导者地位	用十分丰富的动作（多于五种）和言语来表现角色，社会生活常识很丰富。能初步与他人合作、协商，比如，互相商量分配角色，说"你扮演医生，我扮演护士""请你帮我拿东西"等。在表演过程中处于领导者的位置，组织、协调和领导其他人进行角色表演

表2-3所示为《医院》延伸活动。

表2-3 《医院》延伸活动

解释	下一步的活动
水平1~2：模糊的社会角色认知，不会表演	请幼儿观察其他幼儿如何表演医生和护士。在活动区，为幼儿提供有关医院的模拟活动材料，请幼儿尝试运用，扮演医院人员的角色
水平3~5：简单的、初步的社会角色认知	给幼儿播放医院的实景录像带，出示有关医院的图片，请幼儿观察、感受，并与其讨论，不断丰富幼儿的经验
水平6~9：较为丰富的社会角色认知	开展其他有关社会生活常识和社会职业角色的活动。比如在班级创设小商店、小超市，请幼儿扮演售货员、收银员

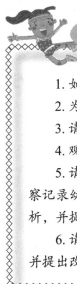

思考与练习

1. 如何理解幼儿行为观察的含义与意义？
2. 为什么观察幼儿要遵循真实性原则？怎样做才能体现真实性原则？
3. 请结合实例说明，如何理解观察幼儿时应遵循儿童权益保护原则？
4. 观察幼儿行为一般应遵循哪些步骤？
5. 请选择1~3个幼儿，分别在日常生活环节、游戏环节或教育教学环节中观察记录幼儿的行为表现。结合所学理论，参照《指南》，对幼儿的行为表现进行分析，并提出教育指导建议。
6. 请选择一位教师，搜集其所写的观察笔记，对其中的优点和不足进行分析，并提出改进建议。

第三章 生活活动中幼儿行为的观察、分析与指导

学习目标

1. 理解生活活动中幼儿行为观察的意义
2. 掌握生活活动中幼儿行为观察的内容要点
3. 能对生活活动中幼儿的行为进行观察、分析与指导,增强实践运用能力

案例呈现

挑食的贝贝

新学期开始,班里刚来了一名叫贝贝的小丫头。与其他小朋友不同的是,她并没有哭闹不止,反而可以在教师的陪同下积极参与到各类有趣的活动中,一上午都没有表现出刚来园的不适应情况。但就在我们都认为贝贝已经较快适应来园的第一天生活时,她却在午餐时大哭了起来,边哭边说:"我不想吃饭,我要回家,我要外婆!"为了安抚她的情绪,王老师赶紧坐在其身旁边哄边喂她吃饭,可贝贝不但不乖乖吃饭,反而哭闹得更厉害,最后实在没办法,王老师只能作罢,贝贝也就只吃了一点点饭。

下午离园时,贝贝的外婆来接她,我们赶紧向外婆了解贝贝吃饭的情况,结果得知贝贝在家挑食就非常严重,平时的肉类、鱼类、虾类的东西一概不吃。而为了让她吃饭,家里人必须按照她的口味来做饭,外婆也表示希望老师们能帮助贝贝改掉挑食的毛病。

了解到这个情况后,在每次午餐时,我们都会给贝贝多加蔬菜,少放肉类,

但只要看到有肉贝贝就开始抹眼泪。几位老师为了帮助贝贝更好地进餐，每次都是一边哄一边喂，可收效甚微。

思考：幼儿在进餐环节出现了哪些问题？其原因何在？如果你是老师，观察到这种现象，你会怎样处理？日常生活中，教师应如何及时关注幼儿的各种行为表现并给予有效的解读与指导？

生活活动作为幼儿一日活动的重要组成部分，贯穿于幼儿一日生活的始终。科学、合理、有序地组织生活活动，对培养幼儿的良好习惯以及促进其身心和谐发展都起着至关重要的作用。上述案例中的进餐环节是幼儿园日常生活的基本环节之一，也是保证幼儿身体健康成长的必要环节。现实生活中有很多幼儿，由于家庭原因（如父母长辈的溺爱）及自身原因，在进餐及其他生活环节中出现了诸多问题。因此在幼儿进餐过程中教师要对其进餐情况进行详细观察，了解其进餐行为的具体表现及背后的原因，并尽力引导幼儿养成良好的进餐习惯。由此引申到日常生活活动中的其他各个环节，都需要教师充分利用这种自然真实的、最能激发幼儿真实表现的活动场景，积极捕捉、观察幼儿的行为表现，并予以科学解读和有效指导。

第一节 生活活动中幼儿行为观察的意义与内容要点

幼儿园的生活环节主要是指来园、离园、盥洗、进餐、如厕、睡眠等基本生活环节，是幼儿一日活动的重要组成部分，在幼儿一日活动中占有相当大的比例。作为教师，应积极把握幼儿在日常生活活动中各个环节的行为表现，及时观察，科学、有效地分析解读幼儿的学习与发展状况。

一、生活活动中幼儿行为观察的意义

幼儿期是生活适应能力和基本生活能力初步发展的关键时期。但目前在很多家庭中都存在着对孩子娇生惯养、溺爱过多等情况，很多孩子的生活琐事多由父母或是其他长辈包办代替，孩子在家就如同小皇帝、小公主，饭来张口、衣来伸手，长期这样就削弱了独立生活能力和自理能力。而孩子一旦离开家庭，脱离了父母、祖父母诸多长辈的悉心照看，到幼儿园过集体生活时，就会产生强烈的不适应感，如果幼儿的这些表现没有被教师及时察觉，并予以指导的话，常常会影响他们在幼儿园的生活、交往与学习。因此教师需要充分运用观察记录，对幼儿日常生活中的各种行为表现进行观察和记录，了解每个幼儿的行为表现，分析行为背后的原因，并及时给予相应的指导，以帮助幼儿更好地适应幼儿园的

集体生活，帮助他们在日常生活活动中学会生活、学会学习、学会交往，在生活中学生活，在交往中学交往。

生活活动也是幼儿园课程的重要组成部分，对幼儿在日常生活各个环节中的各种行为表现进行观察和分析，可以帮助教师了解幼儿在真实的生活情境中的学习与发展状态、可能存在的问题等，这将更有助于教师敏感地捕捉那些有价值的行为表现及问题，及时生成新的课程。例如，我们经常在盥洗环节中看到很多幼儿在洗手的时候喜欢玩水，用水做游戏，对于这样一种行为不应该只是简单记录，当然也不是一味地制止或是忽视，应该看到喜欢玩水是幼儿的天性，通过玩水可以让幼儿了解水的特征、用途等，因此与其说幼儿用水在搞破坏，不如说我们可以把它看成是幼儿对水的了解与认识的一种尝试，并由此引发出关于水的变化、小水滴的旅行等相关主题活动。再比如，大班幼儿正处于第二次换牙期，经常会在盥洗或进餐时出现牙齿掉落的现象。对于这个现象，很多幼儿都特别感兴趣，此时教师即可抓住这一教育契机，及时将这些内容纳入课程当中，开展诸如"我换牙了""小牙齿要保护"等活动，以丰富和拓展幼儿园课程的内容。

二、生活活动中幼儿行为观察的内容要点

幼儿的日常生活活动由多种活动组成，包括来园、盥洗、进餐、如厕、午睡、离园等主要环节。整体而言，对这些环节的观察，大致可以涉及幼儿在这一环节中核心的、具体的行为表现，他们当时的情绪状态、态度与反应，与教师及其他幼儿的社交情况，某些特殊行为，行为发生的具体情境，引发某种行为或情绪状态的原因及影响因素，以及教师的指导、反馈或应对情况等几个方面（具体各个环节的观察要点详见本章第二节）。

（一）观察各个生活活动中核心的行为表现

观察时，首先要明确各个生活环节的核心要素或具体行为表现，然后予以详细的观察和记录。而且通常在日常生活环节中，更多关注幼儿的良好生活习惯、常规、个性及独立性的表现等。比如以盥洗环节为例，其核心的行为表现涉及饭前、便后、手脏时能否主动洗手，洗手、洗脸、漱口的方式与步骤是否正确，能不能做到不弄湿衣服、不嬉笑打闹，人多时能否有序排队、谦恭礼让，以及能否做到节约用水；午睡环节，关注幼儿能否自觉地安稳入睡，是否经常找借口离开自己的小床以及能否独立穿脱衣服、叠被子，等等。

（二）关注幼儿在生活活动中的情绪状态

幼儿在来园、盥洗、进餐、如厕、午睡、离园等各个环节中的情绪状态如何？是愉悦、兴奋、主动，还是消极、抵触、焦虑？这些情绪状态会直接影响幼儿当时参与各项活动的具体行为表现、影响他们当日参与各项活动的质量，也会提示教师该如何有效应对才能引导和促进幼儿积极改进。例如，某幼儿来园时情绪不高、消极抵触，那么这种情绪状态可能会影响他一天，使其对什么活动都没有兴趣。而面对这种情况，教师可能需要在幼儿来园时与家长沟通具体缘由，并在后续活动中详细观察幼儿的具体表现，同时适时适当

地引导幼儿不断调整自己的情绪。

（三）观察了解幼儿在各个生活环节的社交情况

幼儿在日常生活的各个环节都离不开他们与教师、同伴的交往。他们会在来园环节的简短时间内，与教师、同伴分享交流前一天晚上和当天早上的逸闻趣事、自己印象深刻的事情以及最想说的话；会在盥洗环节交流之前区域活动中自己扮演了什么角色、搭建了怎样一个积木玩具；也会在吃饭环节交流饭菜是否好吃、自己喜欢吃什么、户外活动时所玩的游戏等。因此，教师应及时把握日常生活各个环节的真实交往情境，对幼儿交往的主动性、交往频次、交往方式以及言语交流的具体内容等进行详细观察，了解幼儿的真实交往状态。

（四）关注幼儿在日常生活中的"特殊"情况、"问题"行为或不适应行为

日常生活中我们还需要特别关注幼儿所表现出来的"特殊"行为、"问题"行为或不适应行为，尤其是对于刚入园的孩子来说，他们普遍存在入园焦虑和不适应症状，在生活上不能完全自理、吃饭挑食或有一些特殊需求等，这些都需要教师予以特别关注，以便有的放矢，帮助幼儿解决问题，促进他们更好地适应幼儿园一日生活。比如在进餐环节中，其他幼儿都能安静有序地吃饭，但有些幼儿则陷入了游离状态，东瞅瞅西看看，教师提醒一下就吃一口，没有被提醒的话，该幼儿则不会主动就餐，每次都要等其他幼儿吃完后，才会在教师边哄边喂的过程中慢慢吃完；还有一些幼儿，他们在进餐时不会咀嚼和吞咽，出现嘴里含着饭的情况。针对这些情况，教师都需要予以特别关注，对其行为表现进行详细观察与记录，并深入了解背后的原因，比如家庭、个性等原因，以便对症下药，帮助幼儿改进自己的行为。

（五）关注幼儿行为产生的具体情境与原因

在观察到幼儿的某种行为表现后，教师要对症下药予以引导，最重要的是要弄清楚当时当地的情境以及行为背后的深层次原因。很多时候特定情境是幼儿行为发生的主要诱因，每个环节的活动都依赖于一定的情境才能产生，不同的情境下幼儿的行为表现不一样，幼儿的行为也极易受情境影响。比如新旧环境的转变、教室中的设备材料、空间、装饰、位置变化等都有可能引发幼儿的行为产生。

除了具体情境，行为背后的深层次原因或影响因素也值得关注。例如，日常生活中经常会遇到刚入园的幼儿不爱午睡、入睡困难的情况。针对这一行为，要采取措施，首先需要了解幼儿不爱午睡的原因何在，然后才能对症下药。通过观察了解发现，幼儿不愿午睡的原因有很多，有的幼儿在家没有养成午睡的习惯，到了幼儿园不适应集体生活的作息制度；有的是换了新环境，幼儿对陌生的环境还没有完全适应；有的是因为刚入幼儿园，较兴奋，无法使自己安静入睡；有的是上午活动量、运动量不够，有过剩精力需要发泄；还有一些幼儿睡觉时有一些特殊习惯，比如要抱着玩具入睡、要牵着大人的手才能入睡，等等。只有深入了解幼儿不午睡的真正原因之后，教师才能根据这些原因有针对性地进行干预、指导，从而帮助幼儿更好地适应日常生活，养成良好的生活习惯。

（六）关注教师对幼儿行为的应对情况

虽然在日常生活活动中主要的观察对象是幼儿的行为反应，但教师对幼儿行为反应的应对情况也需要关注，以便不断反思和改进自身的言行。因为有些方式适宜，有些方式也许会存在争议，而无论适宜与否，都会直接影响到幼儿当下的情绪状态以及后续的行为反应。像进餐、午睡等生活环节都需要幼儿保持良好的情绪状态，但如果教师采取了一些不恰当的应对方式，就可能会对幼儿的活动造成不良影响。对这些应对方式进行观察记录，并采用恰当的方式反馈给教师，可以为其提供反思的机会，以便于他在日常生活中时刻提醒自己用积极、适宜的方式应对幼儿的行为。

幼儿进餐环节观察记录

案例

案例1：午餐的时间到了，幼儿都已安静地坐在桌旁，保育员与教师一起开始给幼儿分发餐食。教师在分餐时，一边分一边说："老师今天要看哪个小朋友吃得最快。""今天第一个吃完的小朋友，明天就是我们的小班长。""先吃完的小朋友可以先挑玩具。"在进餐的过程中，教师也不忘提醒："×××已经吃完了，老师最喜欢他了。""×××，别磨蹭了，能吃快点吗？""×××，你再不赶紧吃，今天又是最后一名。"在整个过程中，教师总是不断地提醒："快点吃！""大口大口吃！""不行，饭菜都要吃完，不能剩饭！"整个进餐环节就像在赶进度一样，幼儿在老师不断催促下火急火燎地完成了吃饭的任务。

案例2：午餐时间到了，小朋友们都已经安静坐好，教师跟幼儿说："小朋友，今天的午餐游戏时间又到了，老师请小朋友们先来闻一闻，然后看看谁能猜出我们要吃的食物。"在一个小游戏过后，教师开始给每个幼儿分餐，每到一个幼儿面前，教师都会根据该幼儿平时的进餐表现，给予适当的提醒，比如："×××，你今天可以多吃点蔬菜吗？""×××，如果你今天可以吃快点就更好了。"在幼儿进餐的过程中，教师会打开舒缓轻松的音乐，来帮助他们安静就餐。教师也会说："吃饭不用争第一名，要一口一口慢慢地吃。"但对于吃得比较慢的幼儿，教师就会走到其面前，跟他说："吃得太慢了，饭菜都凉了，这样的话我们会肚子痛，所以我们稍微快一些好吗？"整个进餐过程安静有序地进行着……

案例分析：以上两个案例形成鲜明对比，在观察幼儿进餐的行为表现时，我们注意到，教师对幼儿的进餐行为给予了两种截然不同的回应方式，也直接影响了幼儿的进餐行为、进餐时的情绪状态以及最终能否顺利有效的进餐。

第二节　生活活动中幼儿行为观察实例

前面主要介绍了生活环节的整体观察要点，包括关注幼儿的具体行为表现、情绪状态、社交情况，幼儿的一些"特殊"行为，行为发生的情境、原因及影响因素，以及教师的反馈和应对方式等。实践中具体观察时，需要在整体观察要点的基础上，结合来园、盥洗、如厕、进餐、午睡、离园等各个环节的具体内容，同时充分考虑各个环节的特点与要求，有所侧重地了解其中的观察要点。本节将在整体观察要点的基础上，具体结合各个生活环节，逐一探讨幼儿行为的观察、分析与指导。

一、来园环节的观察、分析与指导

来园环节一般是每天的 7：30—8：30（由于地区、天气等原因，时间可能会有稍许不同），幼儿进入幼儿园开始一天的生活。所谓"一年之计在于春，一天之计在于晨"，来园环节若组织得当，可以为幼儿每天在园的生活开一个好头。与此同时，如果教师能够充分利用这一时机，细心观察幼儿的行为表现，可以为接下来的其他活动做好铺垫。

（一）观察、分析与指导要点

1. 幼儿来园时的情绪状态

（1）情绪状态是否积极、愉悦。

（2）对上幼儿园是否有抵触情绪或不愿意来。

（3）能否积极主动地投入晨间自由活动中。

2. 幼儿的身体健康、着装和携带物品

（1）是否愿意接受晨检，并主动告诉老师自己的一些身体状况。

（2）有无相关健康问题，如感冒、发烧等病症。

（3）衣着是否干净整洁，有无携带一些特殊物品。

3. 幼儿与人交往情况

（1）能否愉悦地和家长告别。

（1）能否主动向老师打招呼。

（2）能否主动与同伴打招呼，与同伴进行交流和活动。

4. 幼儿的集体适应性和生活习惯

（1）能否配合老师做好来园环节的各项检查工作。

（2）能否协助老师做一些收拾工作，如擦桌子、分发小碗筷等。

（3）能否独立做一些力所能及的事，比如自己收东西、挂衣服、洗手等。

(二)案例分析与指导

来园环节的实况详录

每天早晨我们几个老师都面带微笑地迎接每一位小朋友的到来,大部分小朋友都能在家长的陪同下兴高采烈地进入班级内,能热情地与父母告别,并积极地与教师和同伴打招呼,开始自己的晨间自由活动。但睿睿这段时间来园时的表现却引起了我们的注意。一般情况下送睿睿来园的都是爸爸或妈妈,但这段时间变成了睿睿的奶奶。每次走进幼儿园睿睿都是低着头,不说话,当奶奶提醒他向老师问好时,睿睿也只是很小声地说句"老师好",头也不抬一下。在老师给他做晨检的时候,睿睿的身体一直很僵直,他紧紧地抓着奶奶的手。老师尝试着用很多方法让睿睿放松,但收效甚微。每次当老师提醒他把书包放好时,睿睿总是一动不动,这时多半由奶奶代劳,而放好书包,奶奶和睿睿告别时,睿睿还是抓着奶奶的手不放,并且开始抽泣,这时奶奶会蹲下来跟睿睿说些什么,说完后睿睿才会非常不情愿地和奶奶说再见。奶奶走后,睿睿进入班级活动室,然后找到自己的位置坐下来,然后开始发呆,情绪一直很低落,眼睛飘向窗外或门外。他不主动与其他小朋友交流,也不到活动区或游戏区活动。

案例分析: 案例中的睿睿在最近一段时间表现出了明显的来园适应困难现象,首先在来园的情绪上就表现出了一种消极的状态,情绪比较低落。行为上也表现出了强烈的不适应,如不主动与老师打招呼,不愿与家长告别,不主动配合老师的晨间检查。在社交活动方面,该案例中的幼儿也出现了明显的交往困难,不主动与其他同伴交流和活动。

指导建议: 1.及时与家长沟通,了解引发幼儿行为表现的原因。幼儿的很多行为并不是一蹴而就的,我们只有了解了这种行为产生的原因,才能对症下药。比如案例中的睿睿之所以会有这样的表现,是因为最近父母在闹离婚,这对他的影响和打击很大。2.给幼儿营造一个宽松接纳的环境氛围,打消孩子的焦虑。3.多开展一些活动,帮助幼儿融入集体活动中,在老师和同伴互相交流、互相帮助的过程中,建立起幼儿自身的信任感和安全感。4.家园配合。教师在了解幼儿行为产生的原因后要及时与家长进行沟通,共同努力帮助幼儿度过这段"特殊"的时期。

第三章 生活活动中幼儿行为的观察、分析与指导

二、盥洗环节的观察、分析与指导

盥洗环节包括洗手、漱口以及洗脸等具体环节,是一日生活活动的重要内容。盥洗不仅可以保证幼儿的身体健康,也可以帮助幼儿建立良好的生活习惯。通过观察,可以了解幼儿盥洗行为的具体情况,为培养幼儿良好的生活习惯提供支持。

(一)观察、分析与指导要点

1. 幼儿盥洗的原因

(1)幼儿自身需求。

(2)模仿其他幼儿的行为。

(3)老师要求全体幼儿盥洗。

2. 幼儿盥洗时的情绪状态

(1)对盥洗行为是表现出积极主动的状态,还是抗拒拖延的状态。

(2)盥洗时是慢吞吞、心不在焉、匆匆忙忙,还是比较高兴、轻松愉快。

3. 幼儿盥洗时的具体行为表现

(1)饭前、便后、手脏时能否主动洗手。

(2)吃完东西能否主动漱口。

(3)起床、脸脏后能否主动洗脸。

(4)洗手、洗脸、漱口的方式与步骤是否正确。

(5)洗手、洗脸、漱口时能否做到不弄湿衣服、不嬉笑打闹。

(6)盥洗时如果人多能否有序排队、谦恭礼让、不争抢。

(7)能否帮助他人完成盥洗行为。

(8)能否做到节约用水。

(二)案例分析与指导

幼儿盥洗行为检核

检核目的: 为了更好地了解幼儿的盥洗行为的发生与表现以及盥洗过程中幼儿可能出现的问题,设计此检核表。

填答方式:

1. 当确定幼儿表现出以下行为时(表3-1),予以检核。

2. 请以打"√"的方式圈选。

表3-1 幼儿盥洗行为检核表

幼儿姓名：东东　　园名：　　班级：小　　性别：男		
幼儿年龄：3岁4个月　　检核日期：2016.9.5　　检核者：张老师		
一、盥洗动机	是	否
1. 自身需求		
2. 模仿他人		
3. 老师要求盥洗	√	
二、盥洗时的情绪状态	是	否
1. 积极主动		
2. 抗拒拖延	√	
3. 慢吞吞地		
4. 心不在焉		
5. 匆匆忙忙	√	
6. 高兴、轻松		
三、盥洗行为的具体表现	是	否
1. 能做到饭前、便后、手脏时主动洗手	√	
2. 吃完东西能主动漱口		√
3. 起床、脸脏后能主动洗脸	√	
4. 清洗方法和步骤是否正确		√
5. 洗手、洗脸或漱口时是否经常弄湿衣服	√	
6. 洗手、洗脸或漱口时是否会嬉笑打闹	√	
7. 盥洗时如果人多能否有序排队、谦恭礼让、不争抢		√
8. 能否帮助他人完成盥洗行为		√
9. 能自觉关闭水龙头，节约用水		√

案例分析： 案例中的幼儿处在小班刚来园的阶段，对于小班幼儿来说，从熟悉的家庭环境过渡到陌生的幼儿园环境，开始过集体生活，要学习基本的生活自理能力，对他们来说是一个不小的挑战。比如案例中的幼儿在盥洗环节中的表现是大部分刚来园幼儿都会有的表现：一般不能主动或自觉地进行盥洗活动，吃完东西后需要老师不断的提醒，他们才能去漱口，盥洗时经常会弄湿衣袖、地面，无法控制水龙头的大小，不懂得正确的洗手方法，另外，如果没有教师引导就会出现拥挤、争抢、嬉戏打闹等一系列情况，所以对幼儿来说，盥洗环节适宜、有效的指导是非常必要的。

指导建议： 1. 首先需要消除幼儿的紧张和抵触心理，不要让盥洗成为他们的一种负担；2. 可以利用一些有趣的标志，创设优美整洁的盥洗室环境；3. 帮助幼儿认识到清洁卫生情节的重要性；4. 可利用一些录像、图片、故事、儿歌等材料帮助幼儿学习正确的洗手、洗脸、漱口的方法，帮助其养成良好的盥洗习惯，例如：

1. 洗手歌

排好队，向前走，

做什么？去洗手。

小肥皂，擦擦手，

自来水，冲冲手，

小毛巾，擦擦手。

小手洗得真干净，

我们大家拍拍手。

2. 洗脸歌

双手拿起小毛巾，

平平整整放手心，

洗洗眼睛擦擦鼻，

洗洗嘴巴擦擦颈，

最后洗洗小耳朵，

小脸洗得真干净。

3. 刷牙歌

小牙刷，手中拿，张开我的小嘴巴。

刷左边，刷右边，上下里外都要刷。

早上刷，晚上刷，刷的牙齿没蛀牙。

张张口，笑一笑，我的牙齿白花花。

案例 2

盥洗环节的轶事记录[①]

有一阵子，我发现班上不少孩子总喜欢往盥洗室跑，就连平时总嚷嚷着"老师，我没有小便""老师，水太冷"的孩子，也突然间对盥洗室产生了莫大的兴趣，而且总喜欢三三两两地一块儿走进去。

孩子们的异常举动引起了我的注意，我悄悄地跟了进去，发现他们正一个个你帮我我帮你地卷袖子，眼前的一番情景让我感到一阵欣慰——一学期下来，孩子们确实长大了不少，能主动地互相帮助，再也不是那个等待着老师卷袖子的小毛毛头了。我开心地走出了盥洗室。可没等我走出几步，就听见里面传来了哗啦啦的水声，声音很响。我下意识地认为是水管爆裂了，于是扭头冲进了盥洗室。然而当我气喘吁吁地跑进去时，看到的却是六个水龙头齐刷刷地被开到了最大。看着孩子们满身满脸的水花以及正不断被浪费的水，一股无名之火蹿上了脑门，"住手——"我的话音还未落，瞳瞳就跑过来，兴奋地拉着我的衣角说："老师，你看！好大的瀑布啊！这是我们做成的。"平常在这种时候，总会有人跑到我面前告状，"老师，是某某某干的"，而此时，我看到的只有一直沉浸于其中的、满脸兴奋的他们。我努力压抑住心中的怒火，决定对其进行一番行动规范教育。带孩子们回到活动室后，我生气地问道："为什么把水龙头都打开了？""老师，它像瀑布一样，很大很大，还很好听。"瞳瞳激动地站起来抢着说。"老师——它很好玩。"陶飞克兴奋地从位子上跳了起来。"老师，水很凉很凉，还很痛，水能把手都变红了。""老师，水花真的好看。"……孩子们没等我问下去就七嘴八舌地说开来。我真的为孩子们丰富的想象力而惊叹不已。最平常可见的水在孩子们的眼里是这么富有"生命力"。

案例分析： 很多时候我们认为盥洗只是一日生活的必要环节，目的是保证幼儿的身体健康，并使其养成良好的生活习惯，但实际上生活活动也是幼儿园课程的主要形式，组织幼儿园课程的一个基本原则就是要生活化。在发挥盥洗活动基本功能的同时，也可以尝试站在幼儿的视角看问题，理解幼儿的行为，将盥洗活动中有价值的、幼儿感兴趣的内容及时地纳入幼儿园课程结构中。如同案例中幼儿对探索水表现出极高的热情，此时可在保证安全和正常盥洗活动的情况下，不过多强调不要弄湿衣袖、节约用水的事项，不束缚幼儿的探索行为。

指导建议： 1.对幼儿的一些行为要抱着宽容和理解的心态；2.善于捕捉幼儿生活中有价值的行为；3.将幼儿这些探索的行为与生活习惯的培养结合在一起，通过教师引导和拓展，帮助幼儿认识水、知道要珍惜水资源等。

---

① 廖莉，吴舒莹，袁爱玲. 幼儿园生活活动指导［M］. 福州：福建教育出版社，2014：93.

三、进餐环节的观察、分析与指导

进餐活动是幼儿园一日生活中的重要环节，进餐活动不仅包括吃早中晚三餐，还包括参与两餐之间的点心环节。参与进餐活动不仅可以帮助幼儿提高基本的生活自理能力，也可帮助幼儿养成餐前洗手、餐后漱口、不挑食厌食、爱惜粮食的良好生活习惯和品质。对幼儿的进餐行为进行观察是教师每天都需要做的工作，进食不仅影响到幼儿的身体健康，还影响到他们的心理健康。对幼儿的进餐行为进行观察，主要可以从以下几个方面进行。

（一）观察、分析与指导要点[①]

1. 进餐环境

（1）在哪里进餐（活动室、餐厅还是其他）。

（2）进餐环境是安静、轻松还是嘈杂、忙乱。

（3）餐食由谁来负责分发。

（4）幼儿是否有权利决定想要或不想要的食物。

（5）食物分量是否充足，可否根据需要随时添加。

2. 进餐时的情绪状态

（1）对食物表现为接受/期盼/抗拒/挑剔。

（2）进餐时认真/随意/放松。

（3）幼儿靠近餐桌时表现为害怕/焦虑/积极/热切。

3. 对食物的兴趣

（1）是否特别喜欢或特别不喜欢某些食物。

（2）是否会对食物做出相关评论。

（3）喜欢或不喜欢的食物是否会影响到幼儿的进餐速度。

4. 幼儿食量情况

（1）非常多/比较多/多/适中/少/比较少/非常少。

（2）多肉/多菜/多主食/较均衡。

5. 幼儿进餐方式与习惯

（1）能否正确使用餐具。

（2）边吃边玩/乱扔食物/食物含在嘴里不进行咀嚼吞咽。

（3）进餐是有条不紊地进行，还是弄得乱七八糟。

（4）在餐桌上表现出安静、稳定/紧张、躁动，能否待至用餐结束。

（5）是自己独立进餐，还是需要教师不断督促完成。

---

① 施燕，韩春红. 学前儿童行为观察[M]. 上海：华东师范大学出版社，2010：148–150，有改动.

6. 进餐时的社交情况

（1）进餐时与他人是否有交流互动？互动频次如何。

（2）与谁交谈，老师还是同伴。

（3）除语言交谈外，还会用哪些方式与他人交流。

（4）是否对社交活动表现出比进餐更多的兴趣。

（二）案例分析与指导

幼儿进餐环节的实况详录

表3-2所示为幼儿进餐行为的实况详录。

表3-2　幼儿进餐行为的实况详录[①]

记录日期：2016.5.20	班级　中班　幼儿姓名：豆豆
记录地点：班级活动室	记录人：王老师
活动实况记录： 　　午餐时间到了，今天午餐的食物是木耳炒白菜和红烧丸子。我打开音乐，分好餐食后，轮流观察幼儿的进餐情况，大部分幼儿都在安静地独立进餐，可我转到豆豆那儿时，看到他把小勺一直含在嘴里，并没有舀菜吃。我蹲下来对他说："豆豆，怎么不吃饭呢？要不要吃？"豆豆看着我说："要吃。""那不要一直含着勺子了，用勺子舀菜吃吧。"我一边说一边把小勺从他嘴里拿下来，放在他手里，还把饭菜往他身边推了推。过了一会儿我再去看时，发现他只是拿勺子在那儿舀饭吃，并没有吃菜，而且每一勺都只有几粒米，于是靠近他说："我们吃饭时要一口饭，一口菜，不能光吃饭或者菜，这样才能保证营养均衡地吸收。"他看了看我，用小勺在菜碗里翻来翻去，把蔬菜全部拨到了一边，小手慢慢地舀起肉丸子往嘴边送，丸子刚碰到嘴就掉了下去，重复两次动作，结果都失败了，豆豆非常委屈，无助地看向我。我说："没关系，豆豆要慢慢学习使用勺子，老师先帮你把丸子弄碎，这样会好舀一点。"说着我帮他把肉丸子捣碎，看着他成功地舀了一块放进嘴里后才离开。后来我回来的时候，看到豆豆还在吃饭，虽然有点儿慢，但就快吃完了。	

案例分析： 很多幼儿都是独生子女，在家里都是"饭来张口"，这导致他们的生活自理能力较差，没有掌握自如使用餐具的技能，进餐时受到一定的影响。其实案例中的豆豆并没有出现特别挑食的现象，只是懒得自己动手吃饭。通过了解得知，豆豆在家里基本都是由奶奶喂饭，这造成了他对大人的喂饭有了一定的依赖性。但是在今天老师的督促进餐过程中，他还是能自己独立进餐的，只是进餐速度比较慢。另外，案例中的豆豆也存在轻微挑食的情况，不太喜欢吃蔬菜，但

[①] 案例参照 http://blog.lhyry.com/u/5297/archives/2014/26988.html，有改动.

这种情况并不是很严重,他基本上能在教师的引导下顺利完成进餐。

指导建议: 1.进餐环节,教师要多关注幼儿的进餐情况,及时发现幼儿的进餐问题,给予及时的进餐指导;2.鼓励幼儿独立进餐,不要出现幼儿不吃就喂的情况,避免幼儿形成依赖性;3.善用鼓励和表扬,就像案例中的老师一样,对于幼儿自己进餐的行为给予积极的鼓励和表扬,增加幼儿的自信,提高其独立进餐的能力;4.家园合作,及时和家长沟通,双方协调一致,在家也要养成良好的饮食习惯,放手让幼儿自己去吃,不要再喂养、包办,最终通过家校合作的模式来培养幼儿的生活自理能力和良好的饮食习惯。

四、如厕环节的观察、分析与指导

与进餐或其他日常生活环节一样,如厕活动对提高幼儿的生活自理能力,甚至对幼儿的独立性培养、克服困难能力的培养都有非常重要的意义。日常生活中,教师应注意观察幼儿在如厕环节的具体行为表现,发现其是否存在异常,并及时予以指导和帮助。

(一)观察、分析与指导要点[①]

观察幼儿的如厕行为可以从以下几个方面进行。

1.如厕原因

(1)儿童自身需求。

(2)模仿其他幼儿。

(3)群体活动影响。

(4)教师要求。

(5)尿湿裤子。

2.幼儿对如厕行为的反应

(1)对如厕行为是接受还是抵制(有如厕需求,能主动如厕;有如厕需求,但拒绝如厕)。

(2)集体如厕时,可能会去或不去。

(3)积极主动/心不在焉/匆匆忙忙/轻轻松松地去如厕。

3.如厕时幼儿的情绪状态

(1)高高兴兴。

(2)积极愉快。

---

① [美]多萝西·H·科恩,弗吉尼亚·斯特恩,等.幼儿行为的观察与记录[M].马燕,马希武,译.北京:中国轻工业出版社,2015:21-23,有改动.

（3）紧张哭泣。

（4）身体僵直。

4. 如厕时幼儿的自理情况

（1）能顺利完成如厕。

（2）能在成人或同伴的帮助下完成如厕。

（3）无法完成如厕。

5. 如厕中的特殊行为

（1）如厕行为比较文明还是有暴露倾向。

（2）是否表现出性别意识。

（3）是否有玩弄生殖器的行为。

（二）案例分析与指导

幼儿如厕行为的时间取样[①]

佳佳是一名4岁5个月的女孩，之前都是上午来半天幼儿园。在那段时间，她已经能够向老师表达自己如厕的需要了，所以基本不会尿湿裤子。最近她开始全天来园，但是在如厕环节，经常尿湿裤子。对比之前的好的表现，老师觉得很奇怪，于是决定对她进行一周的观察，详细了解一下是否由于上全天班而导致了这种变化。

1. 确定观察目标，选择观察场所。根据佳佳表现的实际情况，确定如下观察目标：佳佳主动要求如厕的次数；佳佳成功使用厕所的次数；佳佳尿湿裤子的次数。观察地点为幼儿园的活动室和盥洗室内。

2. 运用时间取样法，在预先设定的时间段内，佳佳若发生以上行为就予以记录。

3. 设计、准备观察记录的表格（表3-3）

编码：☆表示佳佳在幼儿园规定的如厕时间如厕

○表示教师注意到佳佳坐立不安而带她如厕

△表示教师发现佳佳尿湿裤子

√表示佳佳要求如厕

4. 记录要求：保教人员在带领佳佳如厕时做好相应观察记录，并将内容记录在表格中。（1）佳佳要求如厕；（2）当注意到佳佳坐立不安时带其如厕；（3）在常规时间如厕。还要记录佳佳尿湿裤子的次数。表格用于填写一周的观察情况。

---

① 施燕，韩春红. 学前儿童行为观察［M］. 上海：华东师范大学出版社，2010：154-155，有改动.

表 3-3　佳佳一周的如厕记录

佳佳的如厕记录					
星期一					
时间（幼儿园常规如厕时间）					
9：30	10：30	11：30	12：30	13：30	14：30
☆○	☆△	☆	△	△	○☆
星期二					
9：30	10：30	11：30	12：30	13：30	14：30
☆△	☆○	☆	△○	△☆	☆
星期三					
9：30	10：30	11：30	12：30	13：30	14：30
☆	☆	☆	△○	△	☆
星期四					
9：30	10：30	11：30	12：30	13：30	14：30
☆△	☆	☆	○	○☆	☆
星期五					
9：30	10：30	11：30	12：30	13：30	14：30
☆△	☆○	☆	△	☆	☆

案例分析： 从上述观察记录中可以看出，佳佳没有任何主动如厕的请求，大部分情况是，教师注意到她坐立不安，有如厕需求时，便带她如厕，或者在常规如厕时间，教师主动带领佳佳如厕。同时，佳佳基本会在午餐后尿湿裤子。在之前的半天来园时间里，佳佳能够向教师表达如厕需求，而在这段时间却做不到这一点了，她的生活自理能力或是社会性训练有所减退。一般地，4岁的幼儿应该能做到"日间通常保持干爽，不尿裤子"，而佳佳也确实在3月份时达到了该水平，但现在出现了倒退现象。

指导建议： 1.首先要弄清楚佳佳行为倒退的具体原因是什么，以便对症下药；2.不盲目地批评与训斥；3.帮助幼儿懂得按时排便对身体的好处；4.消除引起幼儿心理紧张的各种因素；5.家园沟通，与父母一起帮助幼儿改变不良的如厕习惯；6.通过开设一些具体的活动来帮助幼儿掌握良好的如厕技能，比如创设环境墙、设计相应的教育活动、观看一些视频、听一些故事等。

案例 2

幼儿如厕行为的轶事记录

早晨入园时，娜娜（中班）的妈妈告诉我，娜娜经常一出幼儿园大门就吵着要尿尿，而且是特别着急的那种。在与娜娜妈妈沟通的过程中得知，娜娜在家就

有憋尿的习惯，不到快憋不住的时候是不会主动去尿尿的。妈妈对此很无奈，希望老师能帮助娜娜改变这个不良的习惯。因此我们决定先对娜娜的憋尿行为进行观察和记录，了解娜娜憋尿的具体表现。

片段一： 进行区域游戏活动时，我看到娜娜突然停下动作，神情有些紧张，直觉告诉我，娜娜可能尿急。我赶紧走到她身边问："娜娜，是不是想尿尿了？"可她一脸紧张地对我说："没有，我不想尿尿。"我低下头仔细地看了看娜娜，发现她双腿夹紧，身体紧绷，看来憋得很难受。我想了想说："那你愿意陪老师一起去卫生间吗？"娜娜点了点头。到了卫生间，娜娜紧紧拉着我的手，不愿意松开，我蹲下来对她说："没关系，娜娜，老师陪你一起上厕所，上完厕所咱们还要和好朋友玩游戏呢！"听完我的话，她很顺利地上完了厕所。

片段二： 在午餐准备活动中，我提醒幼儿如厕、洗手，轮到娜娜那一组时，其他小朋友都按要求很快地完成如厕，只有娜娜坐在座位上不动，我走到她身边，蹲了下来，拉着她的手问："马上就要吃饭了，娜娜要不要先去小便呀？"她一个劲地摇头说："没有尿尿，我不要小便。"再强迫她恐怕会影响其吃饭，于是我没有再说什么。吃饭的时候，娜娜突然抬起头，拿着小勺，目不转睛地看着我。我走到她身边，看到其身体僵直，一动不动，心想：是不是尿裤子了？于是摸了摸她的裤子，发现全湿透了，地上也有一摊尿。娜娜很不安地看着我，我带她到睡眠室换裤子，边换边安慰道："没关系，娜娜一定不是故意的，下次娜娜想要尿尿的时候举手告诉老师，老师一定会帮助你的。"娜娜点了点头。

吃完饭带着孩子们散步回来以后，我再次提醒小朋友如厕，还特别来到娜娜的身边，对她说："马上就要睡觉了，要是不尿尿，憋着会肚子痛，到时还会尿床哦！"娜娜听我这么一说，伸出小手示意要和我拉手，我赶紧拉着她的小手，并询问："娜娜是不是想要老师陪你小便啊？"娜娜点点头，我表扬她说："娜娜真棒，已经能主动要求上厕所了。"娜娜离改掉憋尿这个不良习惯又进了一步。

案例分析： 想要了解娜娜是否憋尿，必须对她进行细致的观察。从上述片段中可以看出，娜娜的确有比较明显的憋尿行为。而憋尿行为的产生跟很多因素有关，比如贪玩、胆小、表达能力不强或者一些心理因素（比如因之前尿湿裤子被训斥而产生了一些畏惧心理），而长期憋尿对幼儿的身体健康有极大的不利影响。

指导建议： 1.首先还是要弄清楚幼儿憋尿的具体原因是什么，这样才能采取正确的方法对症下药；2.消除幼儿的紧张心理，给幼儿积极营造一个良好的如厕氛围；3.与家长沟通好，要共同做一些定时排尿的训练；4.鼓励幼儿正视自己的问题，肯定和鼓励幼儿的点滴进步；5.专门设计一些活动来帮助幼儿养成定时排尿的良好习惯。

五、午睡环节的观察、分析与指导

午睡是幼儿在园的必经环节。午睡对幼儿的身体健康、生长发育以及缓解疲劳、储存能量等，都具有非常重要的意义。但并不是所有幼儿都能很好地午睡，在午睡环节幼儿也会有不同的表现。对环境、教师是否信任，在家里是否有午睡的习惯，心里是否焦虑，是否由于某些原因而对午睡产生了恐惧等都会影响幼儿的午睡状况。因此，对教师而言，他们应定期观察幼儿午睡，了解幼儿的睡眠状况、存在的问题及原因等，以便帮助他们调整好作息，促进其健康成长。

（一）观察、分析与指导要点[①]

1. 午睡的原因

（1）主动入睡。

（2）模仿他人。

（3）群体效应。

（4）遵行要求。

2. 幼儿对午睡的情绪反应

（1）接受（平静还是高兴）。

（2）抵制（磨蹭／说话／不理睬／频繁如厕／频繁喝水／做其他事情）。

（3）拒绝（哭闹／四处奔跑／跑到屋外）。

3. 是否需要成人的关注

（1）轻抚、唱歌哄。

（2）单独相处。

4. 午睡期间的行为表现

（1）做好午睡准备（穿脱衣物／如厕）。

（2）身体紧张，辗转反侧。

（3）自我抚慰，如吃大拇指、揪耳朵、掰手指等。

（4）需要特殊的对象辅助：娃娃、动物玩偶、手帕、毯子、枕头等。

（5）经常找借口离开床铺。

（6）是否已经入睡，入睡多久。

（7）睡得是否安稳。

（8）如果没有入睡，在干什么，是否比较放松。

5. 午睡间的社交情况

（1）是否在午睡时跟其他幼儿有交流情况。

（2）社交活动是否对入睡有较好的影响（小心聊天／互相安抚／眼神交流）。

---

① 施燕，韩春红. 学前儿童行为观察[M]. 上海：华东师范大学出版社，2010：157-158，有改动.

（3）社交活动是否对入睡有不利影响（大喊大叫／大声唱歌／在床上奔来奔去／来回晃动）。

（4）能否意识到自己的某些行为会对他人的午睡造成影响。

6.午睡的结束情况

（1）幼儿醒来的状态（微笑／说话／抽泣／疲惫／精力充沛）。

（2）幼儿醒来时在做什么（安静地躺着／呼唤老师／冲入厕所／开始其他活动）。

（3）幼儿醒来后能否自己独立穿衣服、叠被子。

（二）案例分析与指导

案例 1　幼儿午睡行为的实况详录
不愿睡觉的艾利[①]

午睡时，其他小朋友都已经安静地躺下，开始入睡。4岁的艾利却一直无法安静入睡。他在床上翻来覆去，偶尔玩弄他的手和脚。他在头的旁边放了一只泰迪熊，时不时地拿起泰迪熊，将其抛向空中，并努力用手去接，但没有接住。突然，他嘟囔着钻到了毯子底下，又钻了出来。他侧身躺下，嘴里含着一根手指，看上去很累。忽然，他再一次藏到毯子下面，用只有他自己才能听到的声音小声说话。偶尔，有教师穿过房间走到衣橱那里，艾利便会伸着脑袋想看看老师在干什么。然后他又重新躺回床铺上，重复开始时的表演——玩弄手和脚，这次又捎带上了毯子边上的流苏，同时心不在焉地环视着教室里的椅子和床。突然，他开始大声地拍手。这时老师发出警告，对他说："现在是午休时间，大家都在睡觉。"他盯着老师看了一会儿，然后一声不响地躺了回去，直到午休结束。

案例分析： 案例中的幼儿表现出了两个比较突出的午睡问题，一是入睡困难，当别的小朋友都已经安静入睡时，这位小朋友却一直呈现出比较亢奋的状态，辗转反侧，难以入睡；二是出现了捣乱行为，比如在床上翻来覆去，发出异常声音，甚至还打扰其他小朋友午休等，虽然他也表现出了疲劳的状态，但仍然很难安然入睡。

指导建议： 1.合理地安排睡眠时间，提高幼儿的睡眠质量，可根据幼儿的具体发展情况来灵活调整午睡时间；2.巧用策略，帮助幼儿尽快入睡，比如睡前安排讲一些小故事、听柔和的乐曲、玩一些小游戏等；3.帮助幼儿养成良好的睡眠习惯，比如养成正确的睡眠姿势、建立午睡的生物钟等；4.利用教学活动帮助幼儿认识午睡的好处，养成按时入睡的好习惯；5.家园合作，向家长了解幼儿在家睡眠的一些情况，也向家长宣传一些午睡知识，帮助家长提高认识，改变教养态度，达到家园协调一致，以促进幼儿养成良好的睡眠习惯；6.对幼儿影响他人午睡的行为，予以引导和教育。

[①] ［美］多萝西·H·科恩，弗吉尼亚·斯特恩，等.幼儿行为的观察与记录[M].马燕，马希武，等，译.北京：中国轻工业出版社，2015：28-29，有改动。

案例 2

幼儿午睡行为检核[1]

检核目的： 为更好地了解幼儿在园的午睡情况，比如入睡动机、反应以及入睡过程中的行为与问题，特设计此表，期望给教师提供一个充分了解幼儿午睡情况的参照表，并以此作为引导幼儿午睡的重要依据。

填答方式： 1.如果确定幼儿已经表现出表中叙述的行为时，予以检核。2.请以打√方式填写表格。3.检核表用于记录一周内幼儿的午睡情况。

基本资料：

姓名：炯炯　　班级：中班　　性别：男

表3-4所示为幼儿午睡行为检核。

表3-4 幼儿午睡行为检核

一、动机						
表现行为	一	二	三	四	五	备注
1. 主动休息					√	
2. 模仿他人	√	√				
3. 经教师提醒后午休			√	√		
二、午睡前反应						
表现行为	一	二	三	四	五	备注
1. 要求如厕	√	√				
2. 要求喝水						
3. 与他人嬉戏	√		√			
4. 延后进入睡眠室					√	
5. 打枕头仗				√		
6. 哭闹个不停						
7. 到处乱跑						
8. 跑出睡眠室						
9. 其他						

---

[1] 施燕，韩春红. 学前儿童行为观察[M]. 上海：华东师范大学出版社，2010：158-159. 有改动.

续表

三、午睡期间的行为问题

表现行为	一	二	三	四	五	备注
1. 生病或需要教师特别照顾（哮喘、过敏）						
2. 过度敏感、不停翻身	√					
3. 习惯性地吮吸或咬手指	√	√				
4. 抚摸生殖器官						
5. 需有特殊的睡眠物件（如手帕、玩偶等）			√	√		
6. 不停地找借口离开床位						
7. 与旁边幼儿说话或打手势			√	√	√	
8. 一直拖到很晚才入睡			√	√	√	
9. 坚持不肯入睡						
10. 说梦话或做噩梦						
11. 中途起床						
12. 其他						

四、午睡结束时的行为

表现行为	一	二	三	四	五	备注
1. 有精神地醒来						
2. 还想继续睡			√	√	√	
3. 静静地躺着						
4. 叫老师						
5. 叫其他幼儿起床			√			
6. 上厕所	√			√		
7. 与别人交谈				√		
8. 开始玩			√			
9. 其他						

案例分析：通过检核表检核炯炯的午睡情况可以发现，炯炯属于有明显午睡问题的幼儿。比如他很少能够按要求和规定主动入睡，一般都需要教师的提醒和受其他幼儿的感染才走进睡眠室进行午睡。会采用各种做法逃避午睡，比如要求如厕、与其他小朋友嬉笑打闹、磨磨蹭蹭地走进睡眠室等。在午睡的过程中炯炯也出现较多的行为问题，比如不停翻身、玩手指、玩其他物品、一直在和旁边的幼儿说话、经常拖到很晚才睡。午睡结束时也多表现出不愿起床，想要继续睡，当然也会因为上厕所而起床，或者躺在床上与其他人交谈等。

指导建议：在面对入睡困难的幼儿时，教师可以采取策略。1. 从环境入手，保持睡眠环境的整洁通风、温暖温馨，避免花里胡哨的装饰（这会使幼儿呈现亢奋状态）；2. 睡前不要剧烈运动，因为睡前大量运动会造成孩子的神经系统高度兴奋，使他们难以平定，此时应注意让孩子在睡觉之前处于一种安静、平和的精神状态之中；3. 创造良好的睡眠气氛对幼儿午睡来说也是非常重要的，此时应注意关掉强灯，放些轻柔的音乐或是讲一些温馨的故事，这样会更加有利于幼儿快速入睡；4. 老师耐心地对待幼儿，帮助其建立安全感，让其放松警惕性，慢慢入睡；5. 睡前不要训斥幼儿，这样容易造成孩子情绪压抑，从而影响入睡的质量；6. 在幼儿睡觉之前适当地夸奖他们的优点与进步，这不仅有益于幼儿自信与自尊的建立，而且会让幼儿轻松愉快地进入梦乡；7. 积极争取家长的配合，家园协调一致，帮助幼儿养成良好的午睡习惯；8. 对于午睡特别困难、无法午睡的孩子，也不必过分强求，可尝试与家长协调沟通，设一些安静的活动或游戏，让幼儿参与。

六、离园环节的观察、分析与指导

在离园环节，随着家长的到来，幼儿的情绪开始兴奋起来，而此时的教室内也处于开放状态，开始变得热闹起来。幼儿将与同伴告别，与老师告别，一日幼儿园生活即将画上句号。此时幼儿的情绪状态、行为表现会变得更加真实和自然。教师可以通过对其进行细致的观察来了解幼儿对一天生活情况的反应，以此来判定自己一日生活的安排及与别的幼儿相处是否对他们产生了较好的影响。

（一）观察、分析与指导要点

1. 是否做好离园准备

（1）整理好仪表。

（2）收拾好物品。

2. 离园时的情绪状态

（1）兴奋、高兴、充满期待。

（2）平静、淡定。

（3）着急、焦虑、不安。

3. 离园时的行为常规

（1）能否遵守离园时的相关规则。

（2）能否主动做一些活动，如看书、玩手头游戏或桌面游戏等，耐心等待家长的到来。

（3）能否将各种玩具材料和图书等整齐归位。

4. 离园时的人际交往

（1）能否主动与老师告别。

（2）能否主动与同伴告别。

（3）见到父母时是否高兴，并积极主动与父母分享当天在园的生活。

（二）案例分析与指导

幼儿离园环节的实况详录
想要妈妈来接的禾禾

吃完晚餐，老师和小朋友坐成一圈，大家一起交流着今天发生的有趣的事情。离园的时间快到了，老师让小朋友为离园做准备。禾禾显得特别兴奋，边唱边跳地穿好自己的衣服，收拾好自己的书包，并且跑到我面前让我帮她梳好小辫儿，然后就去帮助其他小朋友收拾物品了。离园时刻，收拾好物品的幼儿便开始自由活动，我看到禾禾和囡囡都到玩具柜找玩具，两人几乎同时抓住了一个布娃娃，但是囡囡的动作还是稍微慢了一点，一下抓空了，于是我看到囡囡又到别的地方找玩具去了。这时禾禾想了一会儿，马上又从玩具柜里拿出另一个玩偶，走到囡囡面前给了囡囡，囡囡不解地问："为什么要给我这个？"禾禾说："我一个人玩布娃娃好没意思，我们一起来玩过家家吧！"囡囡高兴地说："好呀！"正当大家都玩得高兴的时候，离园时间到了，家长们陆陆续续地到班级里接幼儿，孩子们热情地迎向了自己的爸爸、妈妈、爷爷、奶奶，并愉快地与老师告别。正当我忙碌地和家长们进行个别交流时，突然一个身影从我的身边"呼哧"闪过。"那不是禾禾吗？好像没有人来接她，她怎么就一个人出去了呢？"我一边想着一边跟着冲了出去，她并没有走远，只是在走廊的一头，张望着远方……我走过去问禾禾："为什么你一个人跑来这边呢？"禾禾兴奋地说："今天是妈妈来接我！"我突然意识到，一直以来接禾禾的都是爷爷，怪不得今天她表现得那么高兴。我对禾禾说："你在走廊里，妈妈要是到了班级看不到你怎么办呢？我们到班级里等妈妈吧！"禾禾点了点头，跟我走到班里。这时禾禾的妈妈还没有来，我怕禾禾着急，就说："禾禾，要不这样吧，你帮老师一个忙，把小朋友们的椅子都整齐地放到桌子下面，这样妈妈来接你的时候一定会觉得你是个能干的好孩子。"禾禾听了我的话，

第三章 生活活动中幼儿行为的观察、分析与指导

便开始帮我收拾桌椅了。不一会儿,禾禾的妈妈来了,禾禾非常高兴地跑到妈妈面前拥抱妈妈,我走过去跟妈妈说了一下禾禾的情况,妈妈听了有点惭愧,也表示以后尽量多抽时间接送禾禾。最后禾禾和我热情地告别,看着禾禾高兴的背影,我陷入了沉思……

案例分析: 案例中禾禾的诸多行为都表明,她已经达到了离园的基本常规要求。比如能在离园时保持比较愉快的情绪,能够乐于整理自己的仪表,收拾自己的物品。并且在离园自由活动的环节能够主动解决同伴交往的一些冲突。同时还能在老师的要求下帮助老师收拾整理物品。最后能够热情地与家长打招呼,与老师告别。虽然这些表现可能是由一个外在刺激(由不常来接她的妈妈来接她)所引起的,但是案例中的老师能够及时发现禾禾的情绪状态,并能及时地关注和合理地引导,使得禾禾在离园环节中一直能够保持比较稳定的状态。但是教师需要抛开今天的特殊刺激,在平时的生活中也多培养禾禾这样一种情绪状态,使其成为禾禾较为稳定的表现。

指导建议: 1. 开展一些活动,帮助幼儿做好离园的准备,保持一种愉快的离园情绪,比如开展自主闲暇游戏活动、开展坐在一起回忆一日的活动、开展一些有趣的故事阅读活动、进行一些趣味角色扮演活动等,以帮助幼儿消除离园等待环节的焦急状态;2. 注意离园环节的家园合作,教师要利用这个重要的环节,及时地与家长沟通,针对幼儿的不同表现,就家长所关心的问题,与其进行亲切的交流,加强家园合作的密切性;3. 在离园环节渗透一些教育内容,比如引导幼儿学会收拾相应的物品,协助教师整理教室,与教师和同伴热情而有礼貌地告别等;4. 教师之间要有合作与分工,谁负责接待家长,谁负责组织幼儿都要有明确的安排,以免人多、场面混乱,引发不必要的安全事故。

思考与练习

1. 生活活动中幼儿行为观察的基本要点有哪些?

2. 采用事件取样法,对大班幼儿在盥洗环节中的主动性表现进行观察记录与分析。

3. 任选一个幼儿(小、中、大班均可),运用时间取样法,对该幼儿一日的如厕行为进行观察记录与分析。

4. 运用实况详录法,对中班幼儿在进餐环节中的进餐方式与行为习惯进行观察与分析,并提出指导建议。

5. 运用行为检核法,对大班幼儿在午睡环节中的具体行为表现进行观察与分析,并提出指导建议。

6. 采用轶事记录法,对小班幼儿入园和离园环节中的人际交往情况进行观察记录与分析。

第四章 游戏活动中幼儿行为的观察、分析与指导

学习目标

1. 理解游戏活动中幼儿行为观察的意义
2. 掌握游戏活动中幼儿行为观察的内容要点
3. 能够对游戏活动中幼儿的行为进行观察、分析与指导，提升幼儿游戏行为观察、分析与指导的实操能力

案例呈现

赵老师的困惑

赵老师最近参加了一个关于幼儿游戏的学习班，在学习班中授课的老师一再提到游戏是幼儿自发自愿的活动，教师应该给予幼儿足够的空间和自主性。于是赵老师开始反思自己的行为，因为每次在自己班级的幼儿进行游戏时，赵老师总是愿意作为参与者参与其中，有时还会和幼儿一样，表达自己的观点，商量游戏的内容和进程。之所以这样做，是因为赵老师觉得如果幼儿在做游戏，而自己总是在一边站着，或者只是看看，简单观察一下，就没有承担起教育的责任。

思考：在幼儿游戏中，教师应该扮演什么样的角色才是最适宜的？

游戏是幼儿的基本活动，是幼儿自发自愿的事情，同时在玩中学也是幼儿习得知识和技能的重要途径和手段。正是基于这种认识，在幼儿园的日常教育教学中，很多教师对自己在幼儿游戏中的角色感到非常困惑，是否该介入和干预，何时介入和干预，如何高质量地介入和干预成为很多教师面临的问题。其实，基于提升和指导基础上的介入与干预是十分必要的。当然这种有效的指导有一个非常重要的前提，就是教师对幼儿游戏有的放矢

地观察和精准地分析。本章旨在和大家一起探讨在游戏活动中对幼儿行为的观察与指导的重要意义,以及不同游戏类型的观察与分析要点,以此来帮助幼儿教师解决这一现实问题。

第一节 游戏活动中幼儿行为观察的意义与内容要点

"小孩子生来是好动的,是以游戏为生命的",我国著名教育家陈鹤琴先生曾经这样形容游戏之于幼儿的重要意义。的确,游戏因其自主与愉悦等特性,是幼儿期的主导活动。游戏作为幼儿及幼儿园生活的重要组成部分,理所当然地也成为幼儿教师关注与观察的重点。而对幼儿游戏的观察与分析、评价与指导也成为幼儿教师专业能力的重要体现。

一、游戏活动中幼儿行为观察的意义

游戏的类型是丰富的,是幼儿多方面发展的体现;游戏的内容是自主的,是幼儿意愿与兴趣的展现;游戏的材料是多样的,是幼儿想象与创造的写照;游戏的情节是生动的,是幼儿生活经验的延续。游戏活动中幼儿的各类行为为我们全景展现了其现阶段的水平、生活的体验及未来发展的可能性,因此对幼儿游戏的观察意义是重大的。

(一)游戏活动的观察是教师了解幼儿综合发展水平的重要途径

以角色游戏、建构游戏等为代表的创造性游戏,以体育游戏等为代表的规则性游戏是幼儿经常进行的游戏类型,它们涉及幼儿发展的认知、情绪、社会性、身体运动等多方面。与此同时,游戏情境的自然性,内容的丰富性、趣味性,游戏发生的随时性等特点深深吸引着幼儿毫无保留地、自然地展现出自我的现有综合发展水平。因此无论是从游戏所要求的幼儿综合能力来讲,还是从观察所要求的自然情境角度来讲,对游戏中幼儿的观察都是了解幼儿的最好手段,这一手段也克服了总结性评价所带来的弊端,提供了更自然、更开放的观察环境,保证观察结果的科学性和全面性。

近年来浙江安吉的幼儿游戏、山东利津的幼儿户外体育游戏风靡国内外,受到很多专家、学者和幼儿园同行的一致好评。两地的幼儿游戏虽然都是以传统的自然素材作为游戏的主要材料,以户外体育游戏活动为主要游戏载体,但是在整个游戏体验中,教师不仅可以观察到幼儿身体运动能力和协调能力的发展,而且可以看到幼儿遇到困难与挑战时的意志品质,可以看到幼儿的团队合作能力、认知发展能力。如在山东省利津县第二实验幼儿园某一年的"庆六一游戏乐翻天"活动中,小班组织了"打老狼"的亲子游戏,游戏中家长被蒙住双眼,只能听从幼儿的指挥向老狼前进,最后以打到老狼为胜。此次活动将方位学习与亲子互动相结合,教师既观察到了幼儿方位学习的效果,还观察到了幼儿与家长的协作能力等社会性发展的内容。又如在中班的"跳竹竿"活动中,教师不仅可以观察到幼

儿身体的跳跃能力和协调能力,更能观察到幼儿的节奏感。

(二)游戏活动的观察是教师提供有效的发展评价与指导的重要保障

教师对幼儿的有效发展指导离不开对幼儿发展水平的准确把握,这种把握其中一个重要影响因素就是教师长期对幼儿的观察。只有通过观察,教师才能为幼儿提供有准备的游戏环境,有效的游戏材料,适宜的游戏介入与指导,从而促进幼儿长足的发展。

例如幼儿园小班的王老师在观察"娃娃家"的游戏活动中,就发现了这样一个有趣的现象,从而改进了"娃娃家"中材料的投放。事情是这样的,在某一天的"娃娃家"活动开始之前,幼儿们按照规则先选取了自己所要扮演的角色牌,可是不知道为什么那天的角色牌少了一个,只剩下爸爸和宝宝(少了妈妈的角色牌),而区域前的小脚印仍然还是三对(即允许三位小朋友进去),于是就出现了下面的一幕:小明是爸爸,佳佳是宝宝,当鹏鹏也要进去玩耍的时候,受到了小明和佳佳的阻止,理由就是鹏鹏没有角色牌。被阻挡在区域外的鹏鹏沉默了半分钟,站在区域门口说:"我今天是大舅,是客人,所以没有牌,让我进去吧。"看到这一幕的王老师不禁意识到鹏鹏的生活经验是丰富的,而且具有很强的迁移和应变能力,同时更认识到自己在提供角色牌时,角色设定过于模式化和死板,确实,一个家庭中除了父母与孩子外,还有其他成员的存在,幼儿是有相关生活体验的,幼儿对其他成员的扮演不仅可以增加其生活经验,还可以丰富游戏的情节。于是在这次观察之后,王老师改进了角色牌,擦掉了角色牌中设定的角色,改为空白牌,每次的角色由幼儿自己根据游戏主题和情节设定。自从改进后,王老师发现幼儿的生活经验在游戏中得到了延续和提升,情节也变得充实和丰富,由从前的一家三口慢慢演变成一大家子人,甚至加入了邻居、社区人员等角色。

(三)游戏活动的观察是教师引领幼儿游戏向高质量发展的重要依据

一般而言,游戏是幼儿的自发自愿活动,但这并不意味着教师对幼儿游戏的放任不管,作为幼儿教师有义务也有责任引领幼儿游戏发展质量的提升,注意,此处幼儿游戏并非指教师计划和控制下的游戏,而指的是教师对幼儿游戏质量的引领和适时的介入与指导。而教师的适宜引导同样是与连续的观察与分析分不开的。

例如中一班的赵老师在班级中设置了建构区,对建构游戏进行了连续的观察,并提供了适时的指导,在整个观察与指导过程中,赵老师深感教师的观察与分析及适时的指导带给幼儿成长的变化。以下是赵老师的观察记录节选部分和当时的作品图片。

中班上学期建构游戏观察记录

开学初,我们开展了中班幼儿建筑游戏,在开始阶段我观察到,幼儿处在单个或三三两两游戏阶段,游戏无目标,搭建结构比较松散凌乱,且搭建技能有限。

于是在接下来的游戏前,我进行了有目的的引导谈话,在谈话中,我和幼儿一起了解了建筑材料的使用操作方法,和他们一起确定了"房子"这一搭建主题。然后我鼓励幼儿在日常生活中多观察搭建物体的外形特征、结构特点并鼓励幼儿进行合作分工,于是不同组的幼儿根据自己的兴趣爱好进行了搭建活动。

在接下来的时间里我发现幼儿的作品开始变得主题明确、结构清晰、建构技巧娴熟，于是我又开始鼓励幼儿大胆创造，使用替代材料，丰富主题表征的内容，并进行跨小组的合作，对房子进行组合和装饰。于是我们看到，幼儿的建构作品无论是从搭建技巧还是从主题的完整性上都越来越好。图4-1~图4-3所示分别为初期、中期、后期积木作品。

图4-1　初期积木作品

图4-2　中期积木作品

第四章 游戏活动中幼儿行为的观察、分析与指导

图4-3 后期积木作品

（四）游戏活动的观察是教师专业发展能力的重要体现

"关注幼儿日常表现，及时发现和赏识每个幼儿的点滴进步"，"有效运用观察、谈话、作品分析等多种方法客观、全面地了解和评价幼儿"，"有效运用评价结果，指导下一步教育活动的开展"是《幼儿园教师专业标准》对于幼儿教师提出的专业能力要求。因此观察与分析幼儿行为是现代幼儿教师必备的能力，也是教师专业化的一个重要标识。

在游戏活动中，教师既要观察幼儿游戏的环境创设是否适宜，又要观察幼儿的游戏情节，与游戏材料的互动，游戏的进程与所遇到的瓶颈，还要关注游戏中幼儿的想象力与参与性、社会性与个性等发展特点。游戏活动的丰富性与不确定性对幼儿教师的专业知识和能力提出了非常高的要求与挑战，教师以专业的眼光进行有效观察和科学分析，既是对其专业能力和水平的检验，又是提升其自身专业能力的有效途径，是每个教师专业发展过程中都应该注重发展的重要项目。

那么什么样的观察才可以算作是专业的，才能有助于有效地分析问题、解决问题呢？学者王凯（2009）经过研究，提出教师的专业观察行为具备三项专有特质：一是教师专业观察行为是有目的的自觉行为，是系统有序的行为，是有理论指导的理性行为。二是教师专业观察行为具有发展性的眼光，即有视野的前瞻性、胸怀的包容性、行动的开放性、行动的不确定性。三是教师专业观察行为具有反思性的眼光，即教师需要在行动中反思，借用反思性的眼光打量教育教学中相互作用的情境，及时调整教育教学进程。[①] 由此可见，能够体现教师专业性的观察必须满足几个条件：一是观察必须是系统的、有目的的、有计

---

① 王凯. 教师观察行为的专业主义视野[J]. 教育研究与实验，2009（2）.

划的，不能是零散的；二是观察的内容和方式又是具有一定灵活性的，可以根据现实情况随时进行调整的；三是观察记录并不是观察的终结，将观察信息认真反思，并将结果运用到下一步的教育教学中才是观察的最终归宿。

二、游戏活动中幼儿行为观察的内容要点

幼儿园中游戏活动的类型非常丰富，特点也各有不同，因此在对不同类型的游戏观察时侧重点和使用的方法都不尽相同。关于不同类型游戏的观察与分析要点我们将在第二节中展开论述。但"纵有万般不同，终归同属一类"，在这一部分中，我们求同存异，站在"幼儿游戏"的高度，从游戏的过程和构成角度出发，总结提炼游戏活动中幼儿行为观察的一些共通的内容。

（一）关注游戏的源起

游戏是幼儿的自发、自由活动，但是任何行为的出现绝非没有缘由，关注幼儿游戏的起源问题，可以更加准确地探知游戏发起的原因，探知幼儿的内心世界，甚至有时还能找到幼儿行为问题存在的根源。

一般而言，幼儿游戏源起无外乎以下几个因素。

1. 偶然因素

这样的行为多见于小班幼儿的活动中。这是因为直观行动思维在小班幼儿身上体现得尤为明显，很多情况下，此年龄阶段的幼儿在游戏前并没有明确的目的和主题规划，之所以开始进行某种游戏，很可能是因为某种游戏材料最先呈现在了他的面前或者刚刚看到了某个人的行为或者某个事件，于是便开始进行单纯的模仿和再现。当然，随着年龄的增长和思维方式的改变，偶然因素对幼儿游戏起源的影响应该有所下降。换言之，如果中大班幼儿经常受到此因素的影响，则需要引起教师的进一步关注，如关注其注意力的持久性与稳定性，关注其兴趣的建立等，关注其是否在游戏的选择上可能遇到了问题和困难。

2. 兴趣因素

兴趣是游戏进行和持续的动力。无论是哪个年龄阶段的幼儿，兴趣都是影响他们的重要因素。只要兴趣是正能量的，那么就值得肯定，无须过多干涉。

如女孩性别角色意识强烈，非常喜欢在"娃娃家"中做饭和照顾宝宝，自由游戏活动中经常选择"娃娃家"的角色游戏，这其实是无可厚非的。当然如果作为教师的你担心她参与其他类型的游戏较少，会影响其发展的均衡性，那么可以尝试改变自己的指导方式，而不是限制其进行角色游戏。比如教师以游戏参与者的身份加入其中，增加游戏情节，增设游戏任务："你的宝宝长大了，需要有一套独立的房子，我们一起来帮她建造吧。"这样可以顺理成章地，在不强行改变幼儿游戏选择的自由性上，在幼儿兴趣的主导下，进行跨区游戏，引导幼儿尝试进行不同类型的游戏，做到在游戏中均衡发展。

3. 课程因素

课程内容也是影响幼儿游戏起源的主要因素，近阶段的课程内容成为幼儿游戏发起的因素之一，这应该是教师鼓励和支持的行为。很多情况下，教师在看到幼儿的自主性和创造力时，便会萌发课程设计的灵感。

例如，某幼儿园最近在进行"远古时代"的主题探索，王老师把探索的重点放在了"远古时代"的环境创设方面，例如把教室布置成远古森林的样子。但是通过观察发现，自从这个主题开展后，幼儿的游戏主题多与此相关，而且在自发的游戏中幼儿的想象和关注内容大大超出了王老师的想象，例如，在建构游戏中，幼儿使用雪花片拼插了各种远古时代动物的造型；在表演游戏中，幼儿开始尝试再现远古时代人类的生活场景等。因此经过观察和分析，幼儿在游戏中表现出来的浓厚兴趣和丰富的内容都成为王老师后续课程设计的主要依据。

4. 自身因素

幼儿的自身体验与生活经历也有可能在游戏中出现，成为我们了解幼儿心理世界的渠道。作为教师，要成为一个有心人，关注幼儿自身经历所带来的影响。

例如中班的米老师发现，向来喜欢体育游戏和规则游戏的小宝最近突然转变兴趣，更多的是参与角色游戏。而在角色游戏中，小宝更多选择"配角"，如"宝宝""弟弟"等。通过几次观察，王老师还发现在角色游戏过程中，小宝的"配角"角色通常会表现出很多的"弱势"行为，如宝宝生病了，不会自己走路，不会自己吃饭，需要"成人"的照顾，而且每当"成人"的照顾不及时的时候，小宝就会大发雷霆，甚至有一次在游戏中，对"成人"大喊："我要把你杀死。"游戏结束后，王老师和小宝进行了一次谈话，想一探究竟，结果谈话中小宝透露："我就喜欢当弟弟，当小婴儿，这样我的妈妈就可以照顾我，不管弟弟了。"王老师突然明白了，原来小宝最近有了一个弟弟，妈妈把更多的精力放在了照顾弟弟上，导致他的心理出现了不理解，于是将这种情绪和经历带到了游戏中。事后王老师把自己的观察和分析结果与家长进行了沟通，采取了有效的家园共育措施，帮助小宝顺利度过了这个时期。

5. 其他因素

影响幼儿游戏选择和主题的除了上述因素之外，如果作为教师的你发现幼儿的游戏主题一成不变，深度不够，可能还需要考虑游戏的环境创设是否合理，游戏的材料是否丰富，甚至游戏的区域设置是否合理等问题。

（二）关注游戏的内容与作品

游戏中的幼儿是扮演者、表演者，更是参与者、当事人，游戏的内容与作品通常是幼儿自身能力和想法的真实写照。例如，在建构游戏中，建构作品可以反映幼儿的表征能力和空间想象能力，表演游戏中角色的选择与情节的设置可以反映幼儿的想象力和个性特点，户外体育游戏中我们可以观察到幼儿动作的发展，也能了解幼儿意志品质等。因此作为教师的我们，要格外关注幼儿的游戏内容和作品。

在这里还要说明一点,每一种游戏中都涉及幼儿多方面的能力,但是在日常观察中教师要有的放矢,抓住不同类型游戏的关键点进行观察和分析,使得观察更具针对性和科学性。例如,同样是针对建构游戏的观察,江老师和许老师都列出了不同的观察要点,如表4-1和表4-2所示。很显然,江老师的观察与分析要点并没有错误,看起来更全面,但是因为缺乏了对建构游戏主要特点和所反映的幼儿的主要发展的把握,造成了"眉毛胡子一把抓"的现象,耗费了自己大量的精力。许老师抓住了建构游戏独有的特点,着重于作品分析,着重于空间建构能力和表征能力的观察和分析,至于其他的能力可以在其他类型的游戏中进行观察。有关每一种游戏的具体观察要点我们将在下一节中进行重点阐述。

表4-1 建构游戏(雪花片)的观察与记录表(江老师)

观察要点	分析要点	作品分析(略)
1. 玩雪花片的时间长短	注意力是否持久并保持兴趣	
2. 拼插两片雪花片的时间、次数	手眼协调、精细动作发展	
3. 拼插的造型、复杂程度	想象力、创造力、偏好、思维	
4. 拼插时的合作	合作能力、社会性发展	
5. 拼插作品是否结实	手部、腕部肌肉力量	
6. 作品散架后是否重新开始	情绪控制能力(抗挫折的能力)	
7. 拼插的造型	美感	
8. 拼插的颜色	颜色认知、偏好,规律认知、分类	
9. 完成作品时的表情	情绪情感的发展特点	
10. 造型是否成功	逻辑思维缜密程度	
11. 作品的解说	言语表达能力	
12. 拼插结束后是否能够及时整理	良好习惯是否养成	
13. 询问教师对作品的意见	得到肯定评价后是否有自豪感	

表4-2 建构游戏(雪花片)的观察与记录表(许老师)

观察要点	分析要点	作品分析(略)
作品建构的维度(单维,二维,三维)	空间建构能力	
完整度和组合形式	表征能力	

(三)关注游戏中幼儿的"地位"

不同年龄阶段的幼儿游戏特点不一样,而且不同社会性发展程度和个性的发展水平都会影响幼儿在游戏中的地位。因此教师在观察中要关注此方面,并借以分析和评价幼儿的社会性、同伴关系、个性等方面的发展水平。具体可借鉴学者帕顿从社会交往和同伴关系角度分析幼儿游戏的特点和地位的观点，如表4-3所示。

表4-3 不同年龄阶段幼儿游戏的特点及地位

年龄阶段	特点	地位
3岁前	多呈现无所事事或旁观的角色	独立，旁观
3岁左右	多为独自游戏或平行游戏	独立
4岁左右	联合游戏逐渐增多，并成为主要游戏	独立，联合，平等
5岁以后	合作游戏开始发展	合作，从属

（四）关注游戏中幼儿与其他因素的互动

游戏中幼儿与其他因素的互动是指幼儿与游戏的同伴、材料与环境等方面的互动。在观察幼儿与游戏同伴的互动中，我们可以看到幼儿的同伴关系、社会交往经验与技能、幼儿社会交往的主动性、社交地位、情绪情感等多方面的发展水平。如在户外体育游戏观察中，刘老师记录了这样一件事：在跳高活动中，他先请两位小朋友互相搭档，一人负责保护，一人跳过有高度的箱子。4岁的涵涵和牛牛一起搭档顺利完成了任务。随着任务的升级，刘老师请三位小朋友一起搭档（涵涵、牛牛和晨晨被分到了一组），两人保护，一人跳过有高度的箱子。在这个时候，涵涵向刘老师提出了自己的困惑："刘老师，我和牛牛可以一起，我和晨晨也可以一起，但是我不知道晨晨和牛牛是不是好朋友，他们愿不愿意在一起搭档。"从刘老师的记录中，我们不难发现这样的结论：涵涵已经具备了初步的移情能力，能够站在他人角度思考问题，但是同样涵涵缺乏同伴交往的经验，当面临同伴问题时，还没有足够的技巧和应对措施来解决面临的问题，需要教师的进一步引导。

游戏环境和材料是游戏的重要组成部分，幼儿与环境和材料的互动可以体现出游戏水平和质量的高低，如在观察幼儿与游戏材料的互动中，我们可以分析幼儿的假想能力的发展，可以探究幼儿的创造力、想象力、建构能力、动作发展等能力。例如，表演游戏中，有些幼儿的表演必须借助形象的材料作为道具，而有些幼儿在缺乏道具的情况下，可以想到运用自己的肢体语言来表现。不同的互动水平体现了幼儿不同的假想能力、创造能力和表现力。

（五）关注游戏的频率与延续

关注游戏进行的频率和游戏是否有延续，关注完整的游戏过程，能够帮助教师更加清晰和准确地了解幼儿，了解过往的生活经验对幼儿的影响度，从而为更加科学地分析幼儿的行为提供依据。现在让我们一起来看周老师的观察记录节选。

幼儿园里的"奥特曼"

观察记录一：

时间：3月12日

地点：娃娃家

事件过程节选：以下是老师和"奥特曼"的对话：

"奥特曼"："老师，你看我的枪厉害吗？"

老师："你们在玩什么游戏？"

"奥特曼"："我们在玩奥特曼打怪兽的游戏呢。"

老师："你扮演的是谁？"

"奥特曼"："我当然是奥特曼了，奥特曼特别厉害。有特别多的能量。"

观察记录二：

时间：3月13日

地点：户外

事件过程节选：在进行户外体育游戏时，小朋友都在和老师一起跳绳，"奥特曼"看起来对跳绳的游戏并不是十分感兴趣，只是漫无目的地摇着绳，突然只见他站起来，拿着绳子开始冲着幼儿园的大门挥舞，并且拳打脚踢，嘴里振振有词："我要打死你们这些怪兽，我不许你们进来……""明明，快点过来，我们一起玩打架的游戏……"

在连续多日的游戏观察中，周老师发现，无论是在进行室内区域游戏还是自由游戏，抑或是户外游戏时，坤坤总是奥特曼"附身"，而且近几天还出现把游戏情节带到生活中的现象，吃饭时总是说"自己不用多吃，吃一点就可以恢复能量，保护地球"之类的话。

通过对坤坤连续多日的观察，周老师认识到，坤坤的所谓奥特曼"附身"应该是幼儿身上常见的"想象和现实容易混淆"的问题，足见动画片的内容和形象对幼儿想象等认知能力和行为的影响有多深，于是教师与家长采取了应对措施，帮助"奥特曼"恢复了"正常"。

（六）关注游戏中的"特殊"行为

所谓"特殊"行为是指在游戏过程中经常出现的，与游戏内容无关，但又影响游戏质量的行为。通常情况下这一行为与幼儿的生活经验或者兴趣点有关。如果该行为并不影响他人或者不影响游戏的质量，教师可忽略，否则应该分析原因，并进行适时的引导。例如，杜老师通过观察发现，在每次的户外体育小组自由游戏环节中，二宝都充当"教官"，在游戏开始前进行"队列练习"和"整队活动"。有一天二宝甚至从家里带来了一包对讲机，准备发给各位队友，以方便小组活动时每位队员之间的联系。所以经常是别的小组的活动都进行一半了，二宝教官还在严肃地喊口令，整理队伍。为此，同小组的小伙伴们都不愿意再和二宝分在一组。二宝自己也非常苦恼：为什么小伙伴们都不愿和自己玩？

可以说，二宝的行为就属于游戏中的个人的"特殊"行为，与游戏内容无关，但是影响了游戏的效果和质量，甚至影响了同伴关系。后来杜老师通过了解得知，二宝的爸爸是一名军人,最近经常带二宝去训练场地,所以二宝把军人队列训练时的场景搬到了幼儿园中。后来杜老师专门请来二宝的爸爸,给小朋友讲了讲军人的故事,并请二宝与小朋友们一起进行户外体育游戏活动,帮助二宝分享他的感受和经历,还组织了有意愿参与二宝队伍训练的幼儿在每天的固定时间进行游戏活动,引导二宝行为做出转变。

第二节 游戏活动中幼儿行为观察实例

本节重点介绍不同游戏的观察与分析要点,主要包括建构游戏、角色扮演游戏、表演游戏、智力游戏和户外体育游戏这五种游戏,并通过案例的形式进行有针对性的、实操性的展示说明。在此也需要特别说明的是,本节内容重点在强调不同类型游戏的特有观察要点,但是在具体的观察实践中,在第一节中提到的观察要点同样适用,同样需要引起教师的重视,在必要的时候需要将前后两部分内容紧密结合。举个例子,在建构游戏中,除了关注幼儿空间思维能力的发展等特点外,还可以关注他们与材料的互动,如果幼儿出现了在游戏过程中经常摔打积木的情况,就非常值得重视。而在大班合作搭建积木的过程中,教师可以关注幼儿的合作和从属关系,从而得到关于"同伴交往地位"的信息。

一、建构游戏的观察、分析与指导

建构游戏是幼儿通过对各种材料的操作,综合运用动手能力、思维能力、想象力、观察力等能力进行物体搭建或拼插的建造活动。建构游戏的材料既包括积木、积塑、雪花片等专门的建构材料,也包括沙、土等为代表的自然结构材料,还包括废旧纸箱、纸盒等废旧物品再利用的结构材料。

在建构游戏的过程中,需要幼儿展现其动手操作能力,对形状大小的认知、观察能力,艺术欣赏能力等多方面的技能,但其中最核心的能力还是空间思维能力、搭建技能和表征能力。不同年龄阶段此方面的能力不同,作为观察者的教师需要有的放矢地进行关注,并针对幼儿的年龄特点进行分析和指导。

(一)观察、分析与指导要点

1. 空间思维能力

所谓空间思维能力,是指能够不单单从点、线、面的角度去思考和建构物体,还能从立体或者多维的角度去建构空间,建造物体。幼儿的空间思维能力的发展大致经历了这样几个阶段。

(1)随意的摆放和搬运阶段。这种水平多见于1~2岁幼儿的身上。在他们的建构游戏中,其只是对材料进行随意摆弄和搬运,更像是一种感觉运动游戏,幼儿在感受建构材料的形状、材质、重量和大小,通常没有什么成型的作品出现。图4-4所示为随便摆放和搬运阶段作品。

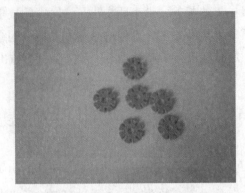

图 4-4　随便摆放和搬运阶段作品

（2）单维空间阶段。这个阶段多见于 1.5~2 岁的幼儿身上。此时他们对建构材料的操作局限于单纯的一个维度的堆砌。图 4-5 所示为单维空间概念的作品。

图 4-5　单维空间概念的作品

（3）二维空间阶段。这个阶段多见于 3 岁左右的幼儿。这个阶段幼儿开始具备"面"的概念，能创作出平面作品。图 4-6 所示为二维空间概念作品。

图 4-6　二维空间概念作品

（4）三维空间阶段。这个阶段的作品多见于4岁左右及4岁以上的幼儿身上。这个阶段的作品有了长宽高三个表现维度，作品更加立体形象。图4-7所示为三维空间概念作品。

图4-7　三维空间概念作品

2. 搭建技能

搭建技能是建构游戏进行的关键所在，其发展水平由简单到复杂。搭建技能的出现与幼儿的观察能力、空间思维能力和搭建的熟悉程度等息息相关。搭建技能的出现大致遵循一定的发展顺序，但也不尽然，总体来说，随着搭建物体的复杂程度的增加而出现了越来越多的技能。幼儿的主要搭建技能包括以下几种。

（1）垒高与平铺。所谓垒高是指幼儿将建构材料首尾相接，进行高度上的延伸。所谓平铺是指幼儿将建构材料首尾相接，进行水平方向的延伸，并建构出一定的"面"。垒高和平铺的水平主要出现在2~3岁幼儿玩积木的初期，同时垒高和平铺技能也是建构作品的基础技能。垒高与平铺作品如图4-8、图4-9所示。

图4-8　垒高作品　　　　　　　　　图4-9　平铺作品

（2）围拢与围合。围拢与围合是指将建构材料聚拢，组成一个相对封闭的结构。围拢与围合组成的图形可能是比较正规闭合的图形（图4-10），也可能是聚合程度较高但不完全封闭的图形（图4-11）。这种建构技能通常出现在幼儿中期的作品中。图4-10、图4-11所示为围拢作品、围合作品。

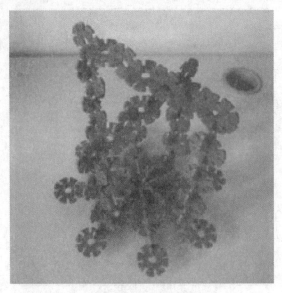

图4-10 围拢作品

图4-11 围合作品

（3）架空和加盖。以积木游戏为例，所谓架空是指用一块积木盖在相互有一定距离的两块积木上，使之连接在一起。所谓加盖通常是指在架空基础上，为自己的积木作品进行盖顶。这种建构技能通常出现在幼儿中早期的作品中。图4-12所示为架空和加盖作品。

图 4-12　架空和加盖作品

（4）联结。在建构一些较为复杂或者组织作品时，联结技能往往就会出现，通常联结有这样的几种形式：交叉联结、转向联结、斜式联结。交叉联结通常出现在搭建道路或者十字路口时，转向联结多出现在道路拐弯处或者建筑的联结处，斜式联结多出现在高度变化时的建筑物组织中。这种比较复杂的建构技能通常出现在幼儿中后期的建构作品中。图4-13 所示为联结技能作品。

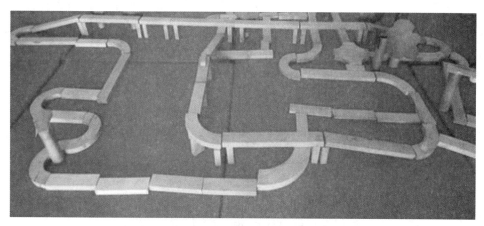

图 4-13　联结技能作品

（5）穿过。穿过是指建构作品中某两个部分之间没有实际接触点，但在空间中又形成交叉等关系，如立体交叉桥中的上层和下层两段桥面。这种比较复杂的建构技能通常出现在幼儿中后期的建构作品中。

3. 表征能力

表征能力是指运用语词、艺术形式或其他物体作为事物的象征或代替物，由象征性形象或符号引起不在眼前之物或没有做出的动作的心理反应活动。它是幼儿思维的主要载体，是想象力发展的基础。幼儿建构游戏和建构作品是其表征能力的重要体现，它的发展需经历一系列的过程。

（1）以部分代替整体。在建构作品时，由于表征能力有限，会出现用部分代替整体的表现，如图 4-14 所示，幼儿会用尖尖的房顶，即一块三角积木来代表一座房子。此种水平多出现在 3 岁之前或者幼儿早期的作品中。

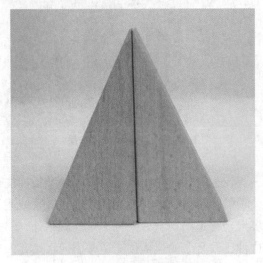

图 4-14　以部分代替整体的作品

（2）完整作品阶段。随着年龄的增长，幼儿开始搭建出完整的作品进行表征，尽管有时作品比较简单。如图 4-15 所示，此时的房子比上一阶段完整了很多，有了房顶和墙体，甚至是门。此水平多出现在三四岁。

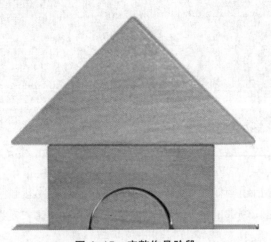

图 4-15　完整作品阶段

（3）主题组合阶段。此阶段的幼儿能够进行主题创作，而且创作的作品比较丰富，关联程度较高，有时会出现场景式建筑组合群，这象征着幼儿已具备较高且完整的表征水平。图 4-16 所示为主题组合作品——庄园。

第四章　游戏活动中幼儿行为的观察、分析与指导

图 4-16　主题组合作品——庄园

（二）案例分析与指导

案例 1　建构游戏的轶事记录

小班建构游戏观察记录

今天观察的重点是小班幼儿的建构游戏，为了提升他们有意想象能力的发展，在游戏开始前我有意识地问幼儿："你们今天想搭建什么呢？"于是幼儿纷纷表达自己的观点，经过商量，我们确定了今天的搭建主题是"车"。

游戏一开始，他们都兴致勃勃地选择了可以拼插的雪花片，睿睿首先拿了一盒长方形的积塑积木，运用垒高的方式，将单块的积塑片拼成了 6 层高的物体，接着嘴里说道："车还需要有轱辘。"于是在那个高层建筑的底层进行了平铺，平铺面建好后，又拿了两个积塑片拼插在面的两侧，组成了轱辘。于是睿睿的"高楼车"搭建完成。再看看鸿鸿的搭建过程吧，鸿鸿首先选择的是用积塑片进行平铺，平铺后在两侧分别插上了两个圆形积塑片，于是鸿鸿的"火箭车"也拼插完毕。

案例分析： 从这位教师的观察记录过程和最后幼儿的作品呈现来分析，幼儿的积塑拼插作品运用的搭建技能比较简单，主要包括了平铺和垒高两类技能；从空间思维的发展来看，多属于二维空间的作品，主要表现为水平和垂直两个方向的搭建；从表征能力来看，抓住了"车"的主要特征，需要有"车身"和"轱辘"，相对来说表征较为完整。总体而言，本次搭建作品符合小班幼儿的发展水平。

指导建议： 小班幼儿的建构作品所用的材料数量少，结构较简单。幼儿运用的多为垒高或平铺技能，在他们将这一基本技能掌握娴熟之后，教师可以适当增加

积塑材料的提供量，引导幼儿学会运用更多数量的材料。材料的增多必然会引发幼儿对结构复杂化的考虑，使其从长宽高三个方面充实自己的作品。当然在这之前，教师也可以有意识地引导幼儿观察立体积塑作品，丰富幼儿的相关经验。

当然在此需要特别提示一下，在游戏过程中，教师需要关注在第一节中提到的"关注游戏的起源""幼儿的游戏内容与作品"这两个方面，如果幼儿长时间专注于同一类型作品的搭建，那么教师就需要了解这是基于幼儿的兴趣，还是有其他原因，在同一类型作品的搭建中，技能是否在提高，内容是否丰富，如果没有，教师需要对其提供相应的指导。

 建构游戏的行为检核表

大班建构游戏观察记录

图4-17所示为大班王老师拍的本班幼儿的建构作品《幼儿园的院子》，王老师尝试用行为检核表的方法对作品进行分析。

图4-17 幼儿园的院子

案例分析： 铭铭搭建的是幼儿园的院子，其主要关注的是院子中的攀爬类体育游戏设施。其中雪花片部分是幼儿园院子中的草地。对其建构作品的分析如表4-4所示。总体来说，大班幼儿的建构技能已经基本成熟，除能够运用平铺、垒高、围合等基础技能外，还可以运用斜式联结等较为复杂的技能。在空间思维方面更多是单维或者二维的呈现，在表征能力方面，出现了初步的主题和组合形式。

第四章 游戏活动中幼儿行为的观察、分析与指导

另外，如果幼儿的搭建作品在初始阶段并没有如此完整和丰富，教师可以关注幼儿游戏的频率及延续性，给其适当的指导，使其不断丰富自己的作品。

表4-4 建构游戏的行为检核表（积木作品）

基本信息：观察对象：铭铭；年龄班：大班；观察者：王老师；观察时间：2016.10.20

项目 作品	空间建构				搭建技能					表征能力		
	摆放与搬弄	单维	二维	三维	垒高平铺	围拢围合	架空加盖	联结	穿过	部分代整体	完整表征	主题组合
铭铭作品	×	√	√	×	√	√	√	×	×	×	×	√

注：如在作品中出现此技能用√表示，没有用×表示。

指导建议： 根据铭铭的现有作品来看，教师一是可以有意识地引导其提高自己较为复杂的搭建技能，如穿过等，二是可以有意识地增加幼儿的空间概念，从二维向三维立体方向发展，使作品更加饱满。

二、角色扮演游戏的观察、分析与指导

角色游戏是幼儿通过扮演角色的形式，发挥自己的想象力，创造性地反映生活经验的一种游戏。角色游戏是幼儿期最典型、最有特色的一种游戏，也称模仿性游戏、装扮性游戏或者社会性游戏等。

角色游戏的开展与幼儿的假装能力、元表征能力、生活经验、社会关系的理解与互动等多方面能力的发展息息相关，幼儿教师在日常的观察中通过对角色意识、角色选择与性质、材料的使用水平、主题与情节、角色间的互动等的关注可以得知幼儿上述能力的发展状况，为促进幼儿多方面的发展提供帮助。在此需要特别提示的是，角色游戏以及后续的表演游戏很多都是幼儿生活情节或者生活事件的再现，直接反映幼儿的生活体验、社会性、个性等多方面的发展内容，因此教师除了需要了解本节内容的要点之外，还要关注本章第一节中提到的部分观察指标，例如游戏的起源、内容，游戏中幼儿与其他因素的互动，幼儿的各种情绪、语言、工作、情节建构、特殊行为等表现。

（一）观察、分析与指导要点

1. 角色意识

角色意识是指幼儿对其扮演角色的身份和特征的理解、认同度以及持久度。角色意识的发展与幼儿的假装能力和元表征能力的发展水平是分不开的。一般而言，对于年龄很小的幼儿来说，其在扮演角色的时候，角色意识不会太持久，经常是在真实身份和假装身份之间来回转换，出现"跳戏"的现象，而且对角色的主要特征把握得不够稳定和深刻，造成扮演的"失败"，既不够"形象"，情节也不够完整。从中班开始幼儿的角色意识逐步稳定，相对来讲，他们能够在游戏过程中始终如一地坚持自己的角色。到大班时这一能力逐渐形成，幼儿开始有意识地提醒自己和同伴是在"假装"和"扮演"，并努力通过各种手段使自己更加贴近角色的要求。

例如，小班幼儿扮演"厨师"，在进行了简单的"炒菜"活动后，自己又变成了"客人"，没有几分钟自己又放弃了"身份"，开始玩弄游戏材料，把角色扮演这回事忘得一干二净，而此时尽管他还身着"厨师服"，但这丝毫不影响"跳戏"。或者也会出现这样的情况：有些幼儿在漫无目的地溜达到"厨房"，拿起厨房用具进行简单的动作后，又离开了"厨房"，在这期间他们并没有用语言和服饰对自己的角色进行说明。而中大班的幼儿则会更加注重自己所扮演的"像与不像"，除厨具外，他们会更加关注用语言进行身份表明或者服饰的装扮。

2. 角色的选择与性质

一般而言，在幼儿期，进行角色扮演时，通常会有三类角色出现：一是机能性角色，二是互补性角色，三是想象性角色。这与幼儿的生活经验和社会关系理解能力分不开。所谓机能性角色是指幼儿通过模仿日常生活中常见的角色或者职业任务的典型特征来进行扮演，如戴上警帽的警察，穿上围裙的妈妈等；所谓互补性角色即幼儿根据自己对社会关系的理解，选择或者分配通常配对出现的角色，如老师—学生、医生—病人等；所谓想象性角色是指幼儿会选择一些文学作品、动画片等中的角色来进行扮演。一般而言，在整个幼儿园阶段，幼儿会倾向于扮演互补性角色中的"主动"角色，如妈妈而非幼儿，老师而非学生，会倾向于扮演想象性角色中比较正义的角色，如喜羊羊而非灰太狼。

3. 角色间的互动

角色间的互动是与幼儿社会性发展水平分不开的。一般年龄越小的幼儿在角色扮演时互动就会越少，通常呈现"自己玩自己的"，或者"同玩一样材料，但情节却毫不相干"的现象，到中大班时会慢慢出现角色之间的互动、合作，这使得幼儿的扮演更具整体性。所以幼儿角色间的互动会经历这样一个过程：无互动—简单互动—（强迫性）单向互动—协作性双向互动。

例如，3岁的涵涵和小伙伴一起来到"厨房"，涵涵说道："我是厨师。"小伙伴说道："我是服务员。"然后两个人就拿起"工具"各自行动了，直到游戏结束，厨师和服务员都没有互动，即使有客人进行点餐。这就是典型的没有角色间互动的表现。所谓简单互动，通常表现为两人很简短的交流或者游戏材料的借用。所谓强迫性单向互动，是指在角色扮演过程中，当小伙伴的行为影响了自己的扮演意愿或者进程时，被迫进行的互动，通常这个时候会产生一些矛盾。例如，婷婷和刚刚同为一家饭店的厨师，婷婷说自己做的是比萨和汉堡，而刚刚说自己的锅里是面条，两个人因为到底应该卖什么而发生了争吵。而协作性双向互动一般到大班幼儿身上才会出现。他们能够有意识地围绕同一主题和情节，进行商议，相互配合。例如，在"医院"的游戏中，强子和小美分别扮演医院的保安和护士，在游戏过程中，强子突然大喊一声："站住，别跑。"扮演护士的小美立刻说道："票贩子，别跑，你们这些票贩子太可恶了！"于是两个人相互配合进行了一场围追堵截的行动。

4. 角色扮演的主题

角色扮演的主题通常与幼儿的经验分不开。幼儿的经验可能是其获得的知识，也可能是自己的亲身经历，或愉悦，或痛苦，是其内心体验的真实再现，因此教师不仅要关注幼儿游戏的主题是否丰富，还要关注其是否适宜，或者此主题的出现是否与其处在发展的特定敏感期有关，切忌随意下结论，乱贴标签，也切忌对不适合的游戏坐视不管。例如大班的幼儿可能会进入婚姻的敏感期，在角色扮演时出现一些生活化的、家庭化的场景，教师不应该给予嘲笑或者去制止，而是要给予适宜的引导。

5. 角色扮演的情节

情节的丰富性、连贯性都与幼儿的逻辑思维和创造力的发展分不开。一般而言，小班幼儿角色扮演的情节比较零散，属于片段式，而且在一段时间内，情节不会出现较大改变，经常是重复性的扮演。到中班开始出现一些较为连贯的情节，但是受到思维和注意力的影响，经常会出现不连贯的现象，但是这时候创造性开始初步显现，情节会变得更加曲折和丰富。

例如，在"娃娃家"的角色游戏中，小班幼儿通常展现的是妈妈对宝宝的生活照顾，并且日复一日地重复着，到中班就会出现一些比较复杂或者具体的事件，如带宝宝去郊游，有客人到家里来做客，到大班时会出现带宝宝去小学报名、买学区房、和宝宝发生矛盾、结婚等更加复杂的情节和内容。

6. 游戏材料的使用水平

游戏材料的使用水平是与幼儿假装能力的发展分不开的。幼儿对游戏材料的使用会经历一个实物—替代物—无实物的过程。简而言之，在角色游戏的初期，幼儿更加倾向于使用具体而形象的真实物品或者玩具，在中期，替代物开始出现，也许只是形似，幼儿就可以拿来游戏，到后期幼儿可以运用想象力或者语言等形式代替材料，进行无实物的扮演。例如对于魔法棒的使用，小班幼儿更加倾向于选择真实的魔法棒玩具，以便施展自己的"魔法"，中班幼儿可以找一根小木棒代替，而到大班时，幼儿可以使用语言代替。

（二）案例分析与指导

案例 1　角色扮演游戏的实况详录

小班"美食屋"游戏观察记录

自由游戏时间，涵涵选择了去美食屋当服务员。游戏开始了，只见涵涵站在美食屋里，漫无目的地玩着一些厨房用品。

"来客人了！"我（老师）一边走进美食屋，一边说道。

"欢迎光临。"涵涵说道。

"谢谢。"我一边走，一边找地方坐了下来。然后又陷入了僵局。

于是我提示涵涵："我现在想点菜了。"

"有鱼香肉丝吗？"

"没有。"

"有炒土豆丝吗？"

"没有。"

"有米饭吗？"

"没有。"

"有……"这次我的话还没有说完，涵涵就瞪大了眼睛，大声且急促地说道："你说得不对，我们这里只有汉堡、比萨、薯条。"

"哦。原来你这是一家西餐店啊。"

"因为我喜欢吃汉堡、比萨、薯条和冰激凌。"

"那你这是西餐店吗？"我再次问道，但是这次涵涵没有搭理我，径自走入厨房，玩了起来。

"那你这里的东西我都不想吃，我走了啊。"涵涵头也没回，更没有搭理我。

案例分析： 从观察记录来看，涵涵选了服务员的角色，属于美食屋中的必要和常见角色，属于机能性角色，而且在一定程度上承担了"角色任务"，具有一定的角色意识。但是从进一步分析来看，涵涵角色意识不强，在招待客人时，只是表现出了"迎宾"的责任，在点菜环节做出了比较被动的回答，并没有主动询问客人，没有为客人提供菜单（美食屋中有），而且出现了"跳戏"的现象，加入了生活中自己的愿望，也就是她认为美食屋中提供的食品全是自己爱吃的（与实际菜单中提供的不符）。而且在游戏的后期，涵涵进入厨房，开始了"玩材料"。

在此需要特别提示的是，在角色游戏中幼儿一般喜欢选择主动性较强、成人化色彩比较重的角色，但是如果幼儿在角色游戏中长期选择此类角色或者非此类角色不"演"，就需要教师予以关注，分析原因。

指导建议： 进入饭店消费对于幼儿来说并不陌生，其具备一定的生活经验，但是如何指导幼儿将经验进行完整的迁移是教师下一步需要重点关注的，经验的迁移与角色意识的持久性密切相关，经验的迁移势必能够提升角色意识。教师可以首先与幼儿进行交谈，询问幼儿的相关经验，引导其建立完整的经验体系，然后与幼儿一起将这些经验具体化，用图文并茂的方式画出服务员服务的流程，张贴到美食屋的显著处，等到下次游戏时请扮演服务员的幼儿首先观看整体流程图，加深印象。

案例 2　角色扮演游戏的轶事记录

中班"苗苗超市"游戏观察

诚诚今天选择了超市促销员的角色。进入超市促销区以后，他便开始吆喝："快来买新鲜的牛奶，原价50元一箱，现在30元一箱喽。"他的吆喝声吸引来不少顾客。见有顾客走过来，诚诚马上迎上去说："来点牛奶吧，今天促销，价钱特别合适。""你看，多新鲜啊，下午就恢复原价了呢。"在诚诚热情的招呼下，牛奶卖了不少，于是他又开始理货，腾空了几个箱子，把剩余的牛奶工整地摆放到一个篮子中。这时莎莎走过来了，诚诚又非常热情地迎了上去，说："您买点牛奶吧，今天促销，就剩下这些了，我可以帮您打包拿到柜台哦。另外，牛奶可是营养丰富的食物哦，喝了对身体非常有好处。"于是莎莎把剩余的牛奶全部买走了。卖完牛奶后，诚诚开始收拾自己的"摊位"，不一会儿他又开始摆出箱子，假装拆开包装，拿了纸杯，倒了几杯酸奶，吆喝道："酸奶特价了，酸奶特价了，可以免费品尝哦。"诚诚今天的酸奶也卖得非常好，一直到游戏结束。

案例分析： 从角色意识来讲，诚诚在整个游戏过程中一直扮演着促销员的角色，即使中间更换了促销产品。而且在整个过程中，诚诚非常主动地建构情节，从主动吆喝吸引消费者，到主动与消费者进行交谈，促成交易，情节连贯、具体。在角色间的互动中，诚诚也能够围绕主题，进行主动的交流，而且交流语言非常符合情境需求，交流质量较高。

指导建议： 从观察记录来看，诚诚的日常观察非常细致，而且能将经验迁移到角色扮演中去，下一步教师可以引导诚诚进行其他角色的选择，丰富其角色体验。

三、表演游戏的观察、分析与指导

表演游戏是幼儿创造性游戏的一种，是指幼儿以故事或者文学作品的内容和情节为线索，通过角色扮演的形式，综合运用语言、肢体、表情等多种形式进行展示的一种游戏活动。

表演游戏与角色扮演游戏同属创造性游戏，有诸多的共同点，如都需要假装和扮演，都需要角色间的互动，一定程度上都需要游戏材料的支持，都需要有主题和情节。因此在进行表演游戏的观察时，可以借鉴上述提到的角色游戏的观察指标，此处不再一一赘述。

但是表演游戏与角色扮演游戏也有诸多不同之处，需要我们在实践观察过程中，予以注意和区分。第一，表演游戏存在"原型"，即以故事或者文学作品作为基础；第二，表演游戏需要更多的"对话"和"语言"；第三，表演游戏需要"演戏"的成分，需要更多的"肢体表现力"；第四，表演游戏虽然有一定的故事限定，但是并不是一定以故事为"脚本"的，允许生成和创造；第五，表演游戏包含的类型众多，有些类型的表演游戏需要一定的技能作为支撑，如皮影游戏、木偶游戏都需要一定的操作技能。因此对表演游戏的观察，除上述观察指标外，还应该注意以下几个方面。

（一）观察、分析与指导要点

1. 对故事的还原度

表演游戏本质上还是游戏，而非戏剧表演，故事虽然不是脚本，但却是游戏开展的基础，因此对故事的还原度是教师应该考虑的一项指标。当然年龄不同，对故事的还原度也就不同。对于小班及以前的幼儿来说，只能还原故事的梗概或者故事中的片段，无法进行完整的故事表演，更不用说是生成故事进行表演。中班幼儿开始能够抓住故事的主要情节进行表演。到了大班，幼儿不仅可以抓住主要情节，还可以更加注重细节，高还原度地完成故事的表演。

2. 表演中的对话

语言是进行表演的重要手段，幼儿对故事中关键句式表达的掌握，语言表达中的词汇量、语气、语言间的联结都是教师应该关注的内容。另外，故事表演中的语言是以对话的形式存在的，角色间的对话是否具有逻辑性、是否具有紧密的联结关系也是应关注的重点。关于幼儿的语言和对话的发展特点，可参照《纲要》和《指南》中的相关要求和建议。

3. 肢体表现力

肢体表现力是表演中的另一重要表现途径，能够更加充分地展示幼儿对角色的把握和理解，能够使得角色更加饱满。而对于不善言辞的幼儿来说，肢体表现力有时大于其语言表现力。一般而言，表演游戏初期的幼儿总是借助道具，对角色的一两个典型动作

第四章 游戏活动中幼儿行为的观察、分析与指导

进行肢体表现,而表演中后期的幼儿则可以根据自己对角色的理解设计相应的动作或者表情。

4. 创造与生成

幼儿的表演游戏虽以原有故事为基础,但是并非一定要照剧本来进行表演,因此只要故事表演中幼儿的创造和生成符合逻辑,就应该予以鼓励。一般而言,创造和生成产生于表演游戏的成熟阶段,属于一种较高水平的技能。

5. 技能水平

皮影戏、提线木偶、舞台展示与表演都属于表演游戏的范畴,这些基本技能的掌握虽不是表演的重中之重,但是会影响表演的质量,因此有需要时,教师应该关注幼儿此方面的能力。

(二)案例分析与指导

案例 1　表演游戏的轶事记录

中班"狐假虎威"故事表演记录

中班的表演游戏开始了,今天表演的是故事"狐假虎威"。在分配好角色和装扮完成之后,表演开始了,可是不一会儿便出现了分歧和矛盾。原因是这样的:"狐狸"和"老虎"在对话的时候,导演琪琪对"演员"的表现表示了不满。

"你们这样说出来,一点也不好玩,应该像我一样。"只见琪琪一人分饰两个角色,当表演到狐狸的时候,她就撅起屁股,大摇大摆,十分神气的样子,小眼睛还不断地转动,然后用比较尖的声音说台词,当表演到老虎的时候,她就挺直腰板,眼神中有些犹豫和怀疑,然后用比较粗犷的声音说话。看到琪琪的表演,小朋友们都笑了,为她鼓掌。

案例分析: 通过观察我们发现,琪琪在进行表演时,不仅语言到位,而且肢体表现也很好,这说明她具备了一定的表演能力。

指导建议: 琪琪的"表演"处于较高的水平,对角色的理解和表现都比较到位,教师可以有意识地引导琪琪在故事的完整性等方面进行提升。

案例 2　表演游戏的时间取样

小班"三只小猪"观察记录

为了了解小班幼儿在表演游戏中的角色意识,王老师采取时间取样法对该班3名幼儿在"三只小猪"表演时进行取样观察。王老师以2分钟为时间间隔,对3名幼儿分别进行了3次观察。《三只小猪》角色意识观察如表4-5所示。

表 4-5 《三只小猪》角色意识观察

观察项目与结果\观察对象		有角色意识				没有角色意识				
		说台词	有相关动作	认真倾听	配合他人与剧情	不说台词	不做动作	东张西望，打扰别人	无缘由离开	不配合他人与剧情
幼儿1	第一个2分钟	√	√	√			√			√
	第二个2分钟	√				√	√	√		√
	第三个2分钟					√	√			√
幼儿2	第一个2分钟	√	√				√			√
	第二个2分钟	√		√			√			√
	第三个2分钟	√					√			√
幼儿3	第一个2分钟			√	√		√		√	
	第二个2分钟						√	√		√
	第三个2分钟	√					√			√

注：如存在相应表现，请用√表示

案例分析： 从整体分析来看，幼儿在短暂的表演中，有意识有目的的表演行为有11次，"跳戏"从事无关角色表演的行为有23次，因此我们可以得出结论：小班幼儿角色表演意识不浓厚。从具体分析来看，在表演过程中幼儿虽有说"台词"或者进行相关的动作表演，但是忘记台词和动作的频率也较高，对角色间的互动意识也较为薄弱，表现出表演完自己的部分即为演出结束的状态。

指导建议： 虽然表演游戏不同于戏剧表演，没有固定的和结构性较强的剧本，但是为了提升表演的质量，教师还是要有目的地引导幼儿进入角色，比如设置更加真实的情境，让幼儿熟悉所表演的作品，并帮助幼儿分析角色，建立角色间的互动等。

四、智力游戏的观察、分析与指导

智力游戏也是幼儿园常见的游戏类型之一，是规则游戏的一种。具体而言智力游戏是将智育因素和任务与游戏形式紧密结合，以生动有趣的形式使幼儿在自愿的、愉快的活动中增加知识、发展智力的活动。

智力游戏的观察与评价，离不开对其核心"智力"的关注，但是迄今为止对于"智力"的内涵和外延并没有定论，但是大多数学者认同"智力"是一种综合能力，需要多方面的发展。因此智力游戏是一种综合认知、思维、创造力、解决问题等多种能力，并且涵盖学科领域知识的一种活动形式。

（一）观察、指导与分析要点

1. 规则意识与理解

智力游戏首先是一种规则游戏，智力游戏的开展离不开幼儿对规则的理解和遵守，不同年龄阶段幼儿对规则的理解和遵守特点不同，大概经历"无规则阶段、规则神圣不可侵犯阶段、规则是可以协商和改变的阶段"三个阶段，和"只能理解简单的规则到理解较为复杂的规则"的水平变化。在体育游戏部分，对此内容做了详细描述，在此不再赘述。

2. 认知能力的发展

认知能力涵盖了感知觉、记忆、思维、想象等多种能力，并涉及幼儿观察力、注意力发展的水平。而这些能力又被广泛运用到智力游戏中。不同年龄阶段的幼儿具有不同发展特点，在实践观察与分析过程中，教师可以参照心理学中不同年龄阶段幼儿发展特点的相关研究予以具体评估。

3. 思维能力与品质的发展

思维能力隶属于认知能力，但是因在诸多智力游戏中都起到至关重要的作用，所以在此重点提出此项能力。思维能力是人脑对客观事物的概括的、间接的反映，一般通过概念、判断、推理形式反映事物的本质属性和内在规律。因此在分析幼儿思维发展水平时，可以从概念掌握得多少、精确与否，判断和推理是否合理等方面进行分析，其中尤其是以关注幼儿的概念掌握为重点，因为这不仅关系到幼儿对游戏内容是否理解，还关系到其判断和推理的合理性和准确性的程度。

除此之外，思维品质的好坏也会直接影响游戏的质量，需要教师予以关注。思维的品质主要包括思维的深刻性、灵活性、独创性、批判性、敏捷性、系统性等几个方面。

4. 发展领域中知识与技能的掌握水平

从智力游戏的任务来讲，智力游戏包括训练感官的智力游戏、发展语言的智力游戏、练习记忆的智力游戏、提升数学能力的智力游戏等。每一种智力游戏的开展都离不开幼儿在具体发展领域中掌握的知识和技能的准备与支撑，领域知识是游戏是否能够进行和完成的重要保证，因此教师在观察过程中，要考查支撑幼儿具体发展领域学科知识和技能的掌握水平。不同领域幼儿发展的具体内容和水平可以参考近年来我国颁布的系列文件。

5. 解决问题的意识与能力

智力游戏通常会因其需要解决问题、规则性与竞技性突出这些特点，比其他游戏更加注重结果，更加注重幼儿是否有解决问题的意识和能力，尤其是当遇到挑战与困难时。虽然对于幼儿而言，游戏的结果不是唯一追求的指标，但是它是衡量游戏水平的重要部分,值得教师关注。游戏的结果也通常是教师发现问题,并进行下一步指导的重要参考。

(二)案例分析与指导

案例 1 智力游戏的轶事记录

帮小猪找风筝

小班下学期,张老师在益智区投放了区域材料:"找一找,小猪的风筝是哪个。"(图4-18,图片来自网络)。在一次游戏过程中,张老师发现同玩这个游戏的小明和小强产生了分歧,小明认为小猪手里的风筝是一只蝴蝶,并把蝴蝶涂上了颜色,小强认为小猪手里根本没有风筝,而且在争吵过程中,双方都理直气壮,觉得自己没有错,是经过认真寻找的。于是张老师让他们两个重新走了一遍寻找的路线,这时小强发现了自己的问题所在(如图4-19中三角区域所示),原来在拐弯处,他被另外一根线"带跑了",这导致他认为小猪手中并没有风筝。

图4-18 小猪的风筝是哪个　　　　图4-19 小猪的风筝线是哪根

案例分析: 上述的智力游戏主要考查的是幼儿认知发展有关的观察能力,在实践操作过程中,很显然,两位幼儿都能够理解规则,并遵照执行,但是最后的结果是小明找到了正确答案,而小强在观察中出现了细致性不强的问题,被旁边的线索影响。当然细致性有待提升也非常符合小班幼儿的发展特点。

指导建议: 建议教师明确指出小强的问题所在,并在今后的教育教学过程中适当增加此方面的练习,并逐渐加大干扰因素的影响。比如除了寻找线索的练习外,教师还可以提供"找不同"的练习,"不同之处"逐步由少增多、由明显变得隐藏。

案例 2　智力游戏的实况详录

执着的曼曼

地点： 中班益智区

人物： 曼曼

实况过程记录：

曼曼："老师，我今天选择了益智区，因为我要玩新玩具——纽扣，一面红色，一面绿色，它们可真漂亮啊。"

老师："好的，那你知道怎么玩吗？"

曼曼："不知道呀……"

老师："你看盛纽扣的盒子里有'6''7'两张数字卡片，请你每次取一个数字卡片，并拿相应数量的纽扣进行投掷，记录下每次纽扣几个红面朝上，几个绿面朝上，并把结果填在表格中，好吗？需要注意的是，每个表格中只需要填两个结果就可以了，要在十分钟之内完成哦，老师帮你计时。"

曼曼："明白了。"

听了老师的讲解，曼曼开始选择数字卡片，并投掷纽扣，可是七八分钟过去了，曼曼只在数字6的表格中填写了结果，分别是（1，5），（2，4），而且乐此不疲地玩起了数字6的投掷游戏。

老师："曼曼，时间快过完了哦，你的7还没有开始呢。"

曼曼："我知道，6还能分解成其他结果呢，我以前学过……"

老师："可是这次只要得到两个结果就可以的，如果规定时间完不成任务，老师就要判定你失败哦。"

曼曼："我知道。可是老师，我妈妈说了，什么事情坚持到最后的才是胜利者。我就要玩数字6。"

就这样，直到时间结束，曼曼也没有开始数字7的分解游戏。

案例分析： 从案例描述中，我们不难发现此智力游戏主要考查的是科学领域中数学发展方面关于数字"6""7"的分解和组成。从曼曼的谈话中，我们可以看出对于分解组成的知识她能够基本掌握，但是问题在于，她对游戏中规则的认识不到位，不能理解规则对游戏的制约，所以导致了游戏未能按照规则完成。

指导建议： 在今后的游戏过程中，教师应注重培养幼儿的规则意识，认识到规则对游戏的重要性，当然规则并非不可改变的，规则的改变是可以协商的，但是最好要在游戏之前完成。当然需要注意的是，教师投放的材料也存在一定的问题，对幼儿造成了干扰，因为投掷纽扣，分别记录不同颜色朝上的个数本身就是一个概率事件，这样的概率对于曼曼多次投掷没有出现（3，3）的结果是有影响的，教师也需要进一步改进游戏材料。

五、户外体育游戏的观察、分析与指导

户外体育游戏是幼儿园常见的游戏类型之一，是以运动为核心的游戏类型，与此同时，户外体育游戏也是规则游戏的一种。因此对户外体育游戏的观察，既要关注规则，又要关注幼儿的运动能力。

（一）观察、指导与分析要点

1. 规则意识

体育游戏是规则游戏的表现类型之一，换言之，规则是很多体育游戏，尤其是团队体育游戏能够进行的必要条件。但是幼儿规则意识的建立经历了这样的一个发展阶段：

（1）"动即快乐"的无规则阶段。此阶段的幼儿把运动当作一种本能的快乐体验，没有任何的规则意识，比如在小班的户外体育游戏中，经常看到幼儿不懂得轮流和等待，在滑梯上挤作一团滑下来，或者在进行小组接力时，即使自己不是正在接力的选手也会跟随命令跑动。

（2）"规则神圣不可侵犯"的刻板阶段。在这个阶段幼儿视游戏规则为神圣不可改变的，一旦有人违反规则他们会非常气愤，甚至会终止游戏。在游戏中，他们会非常严格地、以自我为中心地遵守规则。例如，在"袋鼠跳"的自由游戏中，当看到有些幼儿跳动的方向不符合大部分人的方向时，他们就会非常生气地去向教师告状或者纠正其行为。

（3）"规则是可以协商和改变的"阶段。这个阶段通常出现在幼儿中后期，当在游戏中遇到分歧或者特殊情况时，他们懂得了规则是可以改变和协商的，对于经过协商更改规则这件事开始能够接受。

2. 安全意识

在进行户外体育游戏时，安全意识和自我保护意识是游戏顺利进行的保障。在进行户外体育游戏时，教师要有意识地培养和关注幼儿的安全和自我保护意识，一般而言，幼儿的安全意识会逐渐由被动转变为主动，从关注自己的安全到关注自己到同伴的安全。

3. 运动能力

运动能力是户外体育运动进行的核心能力，这里的运动能力既包括走跑跳钻爬等具体动作的发展能力，也包括动作协调能力、平衡能力、灵活度、力量、耐力等综合能力。不同年龄阶段的上述能力发展水平和最终的要求都不一样，具体可参考《纲要》《指南》以及各省市公布的幼儿发展常模或者研究结果进行参照评量。

（二）案例分析与指导

案例 1　户外体育游戏的轶事记录

恬恬的跳绳游戏

大班的李老师请幼儿在户外活动时自由选择器材进行游戏，恬恬每次都选择跳绳游戏，可是李老师发现，最近一段时间恬恬的跳绳还是和班里的大多数小朋友"不一样"，尽管李老师在这之前已经教授了很长时间的跳绳技巧。

恬恬每次跳绳时，都要经历这样一个过程，双手摇绳从背后到面前，然后停顿，双脚非同时起跳跳过绳子，跳完之后继续摇绳。开始的时候李老师以为是恬恬对动作不够熟悉造成的，可是练习了好长时间以后情况仍然没有改变。后来李老师与家长进行了沟通，家长反映恬恬从小运动量就少，快两岁时才学会跑。

案例分析： 从李老师的记录来看，恬恬的跳绳能力显然落后于同年龄阶段的幼儿，主要表现在协调能力不够好，不能连贯地完成系列动作，跳跃能力有限，双脚起跳跨过低矮的障碍物存在困难。

指导建议： 从观察和家长反映来看，幼儿运动机会少造成了运动能力差，协调能力差。因此教师和家长要有意识地为幼儿提供运动机会，而且运动能力的培养要从最基础的跳跃、平衡、反应能力训练开始，如从平地跳、障碍跳、障碍跑、定向跑、折返跑等游戏开始，逐步提升其肢体的灵活性、反应力和协调能力。

案例 2　户外体育游戏的行为检核

小哲骑脚踏车的观察记录

骑脚踏车是小班幼儿户外自由游戏时经常选择的体育游戏之一，于是王老师近期采用了行为检核法，对班内幼儿骑脚踏车的行为进行了观察，表4-6所示为观察记录。

表4-6　小班幼儿脚踏车游戏观察记录

基本信息：观察对象：小哲；观察对象年龄：3岁半；观察者：王老师；观察时间：2016年10月17日
注：可以完成请用√表示。

项目 完成情况	可以独立完成	在帮助和提醒下完成	不能完成
前进	√		
后退	√		
绕过障碍物		√	
拐弯		√	
定点停车			√

案例分析： 从上述表格中的结果来看，小哲可以驾驭脚踏车，说明其协调能力和灵活性发展较好，腿部力量发育较好。但是具体来分析，其在绕过障碍物、拐弯和定点停车方面还需要多加练习，这说明其动作的灵活性和对速度的控制能力有待提高。

指导建议： 建议在今后的游戏中，除继续进行脚踏车的练习外，老师可以有意识地开展绕物跑、定点折返、投掷等练习，引导小哲提高其肢体的控制能力、对速度的感受能力以及手眼协调能力。

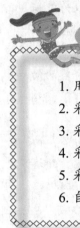

思考与练习

1. 用图表的形式总结不同类型游戏的观察和分析的重点。
2. 采用行为检核法对大班幼儿的建构游戏进行观察与分析。
3. 采用轶事记录法对小班幼儿的角色游戏进行观察与分析。
4. 采用时间取样法对中班幼儿的表演游戏进行观察与分析。
5. 采用事件取样法对大班幼儿的智力游戏进行观察与分析。
6. 自选年龄班，采用实况详录法，对幼儿的户外体育游戏进行观察与分析。

第五章 教学活动中幼儿行为的观察、分析与指导

学习目标

1. 理解教学活动中幼儿行为观察的意义
2. 熟悉教学活动中幼儿行为观察的内容要点
3. 学会在具体的教学活动中观察幼儿的行为表现
4. 能够结合《纲要》和《指南》，分析教学活动中幼儿的行为，并在此基础上对幼儿的学习与发展给予合理的指导

案例呈现

各种各样的服饰

一次，在组织中班社会领域的集体教学活动时，我请大家谈一谈国庆假期的见闻。孩子们都很兴奋，各自说着自己在假期当中的所见所闻、奇闻异事。有的孩子说去海边玩了，有的说坐了摩天轮，还有的小朋友说看到了很多其他民族的人，特别提到他们穿着和我们不一样的衣服，特别漂亮。说到这儿时，有一个孩子兴奋地表示，他出国玩时，发现外国人穿的衣服和我们穿的也不一样。这时，更多的孩子开始发表看法，他们说自己也见过少数民族和其他国家的人，其穿得确实很有特色。有的孩子本身就是少数民族，说自己就有一些民族服装。孩子们七嘴八舌地谈论着各个民族、不同国家的人的穿着。而我也并没有急于打断孩子们的交流，只是在一旁静静地观察，因为我觉得这是一个很好的教育契机，有关民族服饰、漂亮衣服的主题活动在心中油然而生。

思考：这个案例对我们有怎样的启发意义？教学活动中的观察是否重要？

2001年颁发的《纲要》中指出：幼儿园的教育活动是指教师以多种形式有目的、有计划地引导幼儿生动、活泼、主动活动的教育过程。幼儿园教育活动包括教学活动、游戏活动和生活活动三大块，这三大块构成了幼儿园的基本教育实践活动。这是对幼儿园教育活动的广义理解。狭义的幼儿园教育活动多指教师有目的、有组织、有计划地开展的教学活动。第三、四章分别讨论了日常生活活动和游戏活动中，教师对幼儿行为的观察与指导，本章重点探讨教学活动即狭义的教育活动中，教师对幼儿行为的观察与指导。对幼儿行为的观察是教师组织与实施教育教学活动的重要基础和起点，有助于教师了解幼儿，增强活动设计的适宜性，最终促进幼儿的学习与发展以及教师的专业成长。正如上述案例，教师在组织集体教学活动时，认真倾听、聆听幼儿的谈话，仔细观察他们的行为表现，及时发现他们的兴趣点与问题，这促进了教师后续延伸拓展课程内容，生成新的主题活动，进而深化和拓展了幼儿的学习空间。

第一节 教学活动中幼儿行为观察的意义与内容要点

教学活动中幼儿行为的观察意义重大，同时能否把握教学活动中幼儿行为观察的基本要点，也直接影响观察的实效性。本节即重点探讨教学活动中幼儿行为观察的意义和内容要点。

一、教学活动中幼儿行为观察的意义

教学活动中对幼儿的行为进行观察、分析与指导，有助于促进幼儿的学习与发展以及教师的专业成长，具有促进幼儿和教师双方共同提升的作用。

（一）有利于了解幼儿的学习能力

幼儿的学习能力主要体现在先天的智力基础和后天的学习品质上，先天的智力基础主要表现在幼儿的记忆、观察、想象、思考、判断等方面，而后天的学习品质主要表现在幼儿的学习习惯、学习方式、学习态度、专注程度、冒险精神等方面。了解幼儿的学习能力是幼儿教师设计与实施教学活动的前提，幼儿教师能否将教学活动建立在幼儿已有学习水平的基础之上，不仅直接影响到教学活动的效果，也将决定着教学活动的成败。

尽管教师可以通过儿童发展的相关书籍了解到幼儿的学习方式、学习特点和学习品质，但这些知识通常描述的是关于幼儿学习能力的一般特点。然而，每个幼儿的学习特点虽然具有一般性，但是也具有个性化。因此，教师想要了解教学活动中每个幼儿的学习特点，不能仅仅依靠书籍上的理论知识，还要深入教学活动中，去观察幼儿的一言一行。通过观察，教师不仅可以了解到每个幼儿不同于别的孩子的智力发展状况，也可以发现他们独特的学习品质，而只有发现了每个幼儿的"独特性"，才能在教学活动中"量体裁衣"，

使教育教学活动的针对性和有效性发挥到极致。

（二）有利于促进幼儿富有个性的发展

2001年8月，教育部颁布的《纲要》，在第三部分第十条中明确指出："尊重幼儿在发展水平、能力、经验、学习方式等方面的个体差异，因人施教，努力使每一个幼儿都能获得满足和成功。"由于每个幼儿在社会环境、家庭背景、遗传基因等方面存在着不同程度的差异，所以他们的学习需求和学习特点也不尽相同。因此，幼儿教师应当根据幼儿的性格、兴趣、爱好、生理、身体等特点，因材施教，促进每个幼儿的潜能得到淋漓尽致的发掘，让每个幼儿成为他自己，而不是趋同化的人。

通常情况下，幼儿的学习需求、学习习惯、学习方式等信息，往往通过他们的语言、表情、动作等方式表现出来。因此，通过在教育教学活动中对幼儿的全方位观察，幼儿教师不仅可以了解到每个幼儿的兴趣、爱好和学习需求，也可以了解到他们各自的学习习惯和学习方式。幼儿教师只有掌握了每个幼儿不同于别人的学习与发展特点，真正了解所在班级中的每一个幼儿，才能做到《纲要》所要求的"尊重幼儿身心发展的规律和学习特点，以游戏为基本活动，保教并重，关注个别差异，促进每个幼儿富有个性的发展"。

（三）有利于增强教师的教学活动设计能力

在幼儿园教育中，教学活动的设计主要包括教学活动目标的制定、教学活动内容的选择、教学活动的组织与实施、教学活动的评价等环节，而每一个环节都要符合一定的原则和要求。例如，《纲要》指出，幼儿园教育活动内容的选择要遵循以下三条原则：①既适合幼儿的现有水平，又有一定的挑战性。②既符合幼儿的现实需要，又有利于其长远发展。③既贴近幼儿的生活，选择幼儿感兴趣的事物和问题，又有助于拓展幼儿的经验和视野。

因此，幼儿教师对每一个环节的教学活动的成功设计，都建立在对幼儿充分了解的基础之上。以幼儿园教学活动内容的选择为例，要满足上述三条原则，教师必须了解幼儿的现有水平、现实需要、生活习惯等信息，而这些信息的掌握都可以通过观察幼儿来实现。通过观察，幼儿教师可以了解到他们的身体发育、语言能力、社交能力、运动能力等现有的水平，尽可能地使教学活动的内容符合幼儿的现有水平。通过观察，幼儿教师可以了解到他们的兴趣、爱好、行为习惯等内容，尽可能地使教学活动的内容选择满足幼儿的需求，养成良好的生活习惯。因此，观察幼儿不仅是教学活动内容设计的前提和基础，也是衡量一个完整教学活动设计得科学与否的关键。

（四）有利于提高教师的教育指导水平

教师如何在教育实践中捕捉教育的契机，对幼儿开展因势利导的教育，是衡量教师指导水平的一个重要指标。《纲要》在第三部分"组织与实施"的第十条提到：幼儿教师要"善于发现幼儿感兴趣的事物、游戏和偶发事件中所隐含的教育价值，把握时机，积极引导；关注幼儿在活动中的表现和反应，敏感地察觉他们的需要，及时以适当的方式应答，形成合作探究式的师生互动"。从这些要求中不难看出，教师对幼儿的教育指导至少需要

满足以下要求：①要清楚自己对幼儿指导什么；②要清楚采取什么样的方式方法进行指导；③要清楚在什么时间介入指导。

然而，要做到对幼儿精确的指导，必须对幼儿进行仔细、持续的观察。教师可以深入幼儿中，观察他们的语言、表情和动作表现，倾听他们的心声，探索和发现班级中每个幼儿的兴趣，以及整个班集体的兴趣聚焦在何处，这样幼儿教师在指导的时候，就能采用幼儿最喜欢的内容和方法，做到有的放矢。同时，幼儿的教育契机往往蕴藏在偶然的"突发"事件之中，随时随地都可能发生，这也需要幼儿教师用心去观察，敏锐地捕捉教育契机，对幼儿进行灵活而有效的指导。因此，幼儿教师观察得越深入、越仔细，越有利于其清楚应该为幼儿指导什么、怎么指导、什么时间进行指导，从而提高其教学活动指导水平。

二、教学活动中幼儿行为观察的内容要点

《纲要》指出，幼儿园的教育内容是全面的、启蒙性的，可以相对划分为健康、语言、社会、科学、艺术五个领域，也可做其他不同的划分。各领域的内容相互渗透，从不同的角度促进幼儿情感、态度、能力、知识、技能等方面的发展。本节将重点探讨各领域的整体观察要点。

（一）明确各领域的主要观察目的

在各领域教育教学活动中对幼儿行为进行观察时，首先需要明确各领域观察的主要目的。根据《指南》的目标期望，可以看出五大领域的主要观察目的如下。

《指南》指出，幼儿身心健康的重要标志是具有良好的身体、愉快的情绪、强健的体质、协调的动作、良好的生活习惯和基本生活能力。因而对幼儿在健康教学活动中的行为观察、分析与指导，其主旨是更好地为幼儿提供合理均衡的营养，保证充足的睡眠和适宜的锻炼，满足幼儿生长发育的需要；创设温馨的人际环境，让幼儿充分感受到亲情和关爱，形成积极稳定的情绪情感；帮助幼儿养成良好的生活和卫生习惯，提高自我保护能力，形成使其终身受益的生活能力和文明生活方式。

语言教学活动中的观察、分析和指导是为了更好地为幼儿创设自由、宽松的语言交往环境，鼓励和支持幼儿与成人、同伴交流，让幼儿想说、敢说、喜欢说并能得到积极的回应；为幼儿提供丰富、适宜的低幼读物，经常和幼儿一起看图书、讲故事，丰富其语言表达能力，培养阅读兴趣和良好的阅读习惯，进一步拓展学习经验。

根据《指南》的基本精神，在社会领域教育活动中对幼儿的行为进行观察、分析和指导，目的是更好地为幼儿创设温暖、关爱、平等的家庭和集体生活氛围，建立良好的亲子关系、师生关系和同伴关系，让幼儿在积极健康的人际关系中获得安全感和信任感，发展自信和自尊，在良好的社会环境及文化的熏陶中学会遵守规则，形成基本的认同感和归属感。

第五章 教学活动中幼儿行为的观察、分析与指导

《指南》认为，幼儿科学学习的核心是激发探究兴趣，体验探究过程，发展初步的探究能力。因此，科学领域教育教学活动中观察的目的是更好地使教育者发现和保护幼儿的好奇心，充分利用自然和实际生活机会，引导幼儿通过观察、比较、操作、实验等方法，学习发现问题、分析问题和解决问题；帮助幼儿不断积累经验，并运用于新的学习活动，形成受益终身的学习态度和能力。

根据《指南》中有关艺术领域的教育理念，该领域对幼儿行为的观察、分析和指导，主要是为了更好地为幼儿创造机会，在大自然和社会文化生活中萌发幼儿对美的感受和体验，丰富其想象力，引导幼儿学会用心灵去感受和发现美，用自己的方式去表现和创造美。

（二）关注各领域观察的核心要素及学习品质或风格特征

参照《纲要》和《指南》中的要点，各领域观察的核心要素包括：健康领域，主要关注幼儿常规的身心状况、动作发展、生活习惯和生活能力；语言领域，观察幼儿的倾听与表达、阅读与书写准备；社会领域，观察幼儿的人际交往和社会适应性；科学领域，主要观察幼儿的科学探究、数学认知；艺术领域，观察幼儿在艺术活动中常规的感受与欣赏、表现与创造。

除了各个领域的核心要素之外，贯穿于幼儿各个领域的学习品质、学习风格特征等，也值得关注。《指南》指出，要重视幼儿的学习品质，幼儿在活动过程中表现出的积极态度和良好行为倾向是终身学习与发展所必需的宝贵品质，要充分尊重和保护幼儿的好奇心和学习兴趣，帮助幼儿逐步养成积极主动、认真专注、不怕困难、敢于探究和尝试、乐于想象和创造等良好的学习品质。由此可见，观察幼儿在各个领域教学活动中的行为表现时，除了关注各个领域的核心要素，还需对他们的学习态度、倾向、兴趣等学习品质和风格特征予以关注。

（三）关注幼儿在各领域的特殊行为

除了一些常规观察内容，还要注意观察幼儿在各个领域的一些特殊行为表现。比如，观察健康领域中幼儿的特殊行为，如发育迟缓幼儿的行为、智力低下幼儿的行为、残障幼儿的行为等；幼儿在语言领域的特殊语言行为，如说话结巴、骂人、讥讽别人、异声怪调等；幼儿的特殊社会行为，如亲社会行为、攻击行为、自闭行为、社交障碍等；科学领域的特殊行为，如爱冒险儿童的行为、数数困难儿童的行为、空间感知能力较差的儿童的行为等；在艺术领域幼儿的特殊行为，如五音不全、舞蹈协调性较差、不敢在公开场合表现自己等。

（四）关注教师如何给予科学合理的指导

在观察、分析的基础上，关注如何基于各个领域的独特性，给予幼儿科学合理的指导。例如，在健康领域，由于幼儿身心发育尚未成熟，需要成人的精心呵护和照顾，但也不宜过度保护和包办代替，以免剥夺幼儿自主学习的机会，养成过于依赖的不良习惯，影响其主动性、独立性的发展。

在语言领域，幼儿的语言学习需要相应的社会经验支持，教师应通过多种活动扩展幼儿的生活经验，丰富幼儿语言的内容，增强其理解和表达能力；在生活情境和阅读活动中引导幼儿自然而然地产生对文字的兴趣。

在社会领域教学活动中，由于幼儿的社会性主要是在日常生活和游戏中通过观察和模仿潜移默化地发展起来的，因此教师应注意自身言行的榜样作用，积极创设一个能使幼儿感受到接纳、关爱和支持的良好环境，避免单一呆板的言语说教。

在科学领域教育中，要特别注意由于幼儿的思维特点是以具体形象思维为主的，因此应注重引导幼儿通过直接感知、亲身体验和实际操作进行科学学习，不应为追求知识和技能的掌握，对幼儿进行灌输和强化训练；要积极呵护幼儿的好奇心和求知欲，以免扼杀其想象力，挫伤他们的探索欲望。

在艺术领域教学活动中，由于幼儿对事物的感受和理解以及表达自己认识和情感的方式不同于成人，他们独特的笔触、动作和语言往往蕴含着丰富的想象和情感，所以教师应对幼儿的艺术表现给予充分的理解和尊重，不能用自己的审美标准去评判幼儿，更不能为追求结果的"完美"而对幼儿进行千篇一律的训练，以免扼杀其想象力和创造的萌芽。

第二节 教学活动中幼儿行为观察实例

在前一节明确各领域的整体观察要点的基础上，本节参照已有研究并借鉴《指南》中各个领域的目标期望和指导建议，深入每个领域，详细、全面地探讨各个领域的具体观察要点，并结合实例进行分析与指导。

一、健康领域教学活动的观察、分析与指导

在健康领域教学活动中观察幼儿行为，主要观察他们在身心状况、动作发展、生活习惯与生活能力等方面的表现。下文将详细分解这三个方面的具体观察要点。

（一）观察、分析与指导要点

1. 身心状况

（1）身体状态是否健康良好，身高和体重适宜。

（2）情绪状态是否稳定、愉快。

（3）当情绪反应比较强烈、不高兴时，能否寻找方式缓解情绪或在成人安抚下逐渐平静。

（4）能否适度表达自己的情绪，把自己的情绪告诉亲近的人，不乱发脾气。

（5）是否具有一定的适应能力，适应天气变化，能在不同天气条件下开展户外活动。

（6）能否较快适应集体生活。

（7）能否较快适应、融入新的人际环境中。

2. 动作发展

（1）是否具有一定的平衡、协调能力。

（2）动作是否灵活、灵敏。

（3）是否具有一定的力量和耐力。

（4）手的动作是否灵活、协调。

（5）做各种动作时，是否具有一定的安全自护意识。

3. 生活习惯与生活能力

（1）是否养成良好的作息习惯，如按时午睡、按时进餐、吃好早餐。

（2）是否养成良好的饮食习惯，比如不偏食、不挑食、多喝水。

（3）是否养成良好的个人卫生习惯，比如早晚刷牙、饭后漱口、饭前便后洗手、不乱挖耳朵和鼻孔等。

（4）是否喜欢参加体育活动，养成锻炼的习惯。

（5）是否具有基本的生活自理能力，比如，自己穿脱衣服和鞋袜，自己整理自己的物品等。

（6）是否具有基本的安全知识和自我保护能力，如交通安全常识、防灾知识、走失报警知识、应对陌生人的知识、隐私保护的知识等，掌握一些简单的自救和求救方法。

（二）案例分析与指导

体育活动的轶事记录

我也要做拍球大王 [1]

观察对象： 月月

所在班级： 中班

拍球的场地上呈现出一片繁忙景象，拍球声此起彼伏，怎么不见月月的身影？到现在他还不会拍球呢？原来他正推着小推车灵活地穿梭在人群里。

"月月，快过来练习拍球。"月月不情愿地拿起皮球拍了起来。可一转眼，月月又消失在锻炼的人群里。于是我站在了他对面，眼睛一刻也不离开他。

月月拍了几下，每次拍的时候，总是皮球还没弹起来就滚走了。反复几次，他就开始不耐烦了："我不会拍，怎么办？""我就是不会拍呀！"

我把着他的手拍了起来，但他动作很不到位，手臂根本没有动起来，练了一会儿，但没有起色。在我的批评声中他开始耍赖："我真的不会拍，累死了。"一会儿躺在地上哭，一会儿狠狠地踢皮球……

---

[1] 侯素雯，林建华. 幼儿行为观察与指导这样做 [M]. 上海：华东师范大学出版社，2014：119-122.

案例分析： 拍球不仅可以锻炼幼儿的手眼协调能力，也可以磨炼他们的意志、增强其信心、塑造其个性品质。在锻炼初期，幼儿总是难以掌控拍球的节奏，拿着皮球不知所措，尽管已经用心了，但是无法连续拍起来，因而挫败不已。在上述案例中，月月拍了几次球，但都没有成功，由于长时间无法体验到成功的喜悦，最后对拍球毫无兴趣，并且产生了对厌恶和反感。因此，在拍球教学中，如何有效地指导幼儿掌握拍球的技巧，引领幼儿锲而不舍地习得这项技能，且最终获得成功体验、增添自信心，是教师需要用心思考的问题。

指导建议： 1.进行拍球动作分解。月月之所以不会拍球，是因为他没有掌握拍球的要领，因此，教师需要用示范的方法，向他讲解拍球的方法。先让他把球用力扔在地上，在球上弹的时候尝试用手接住球。经过这样的反复练习，他可以感受球的上弹及上弹的距离。在看到他能够比较熟练地接住上弹的球以后，教师指导他尝试用手掌拍球。2.循序渐进地拍球。《纲要》认为，开展健康领域的活动，要充分尊重幼儿生长发育的规律。对于幼儿的拍球学习，他们总是从不会到会、从生疏到熟练，必须经过多次反复才能在大脑皮层建立条件反射。一般来说，可先让幼儿学习单手拍球，再学习左右手轮流拍球，边走边拍球。随后，可以根据每个幼儿的学习程度变换拍球，如转个圈拍几个、边跑边拍球等。3.注意交替玩法。《指南》指出，对于拍球、跳绳等技能性活动，不要过于要求数量，更不能机械训练。当幼儿拍一段时间后，可以适当休息一下，尝试用脚踢球，或者把拍球和滚球结合，这样可以提高其对拍球的兴趣。不要强迫幼儿重复动作训练。4.呵护幼儿的自尊心。针对月月的情况，作为幼儿教师千万不要对孩子进行训斥，更要避免居高临下地批评教育，应进行协助式的引导，给予孩子爱的包容和充分的尊重。例如，幼儿教师可以这样说："月月，不会拍球没关系，这只是暂时的，只要耐心学习，你也会和其他小朋友一样熟练拍球的。"

二、语言领域教学活动的观察、分析与指导

在语言教学活动中观察幼儿的行为，主要观察他们在倾听与表达、阅读与书写准备等方面的表现。

（一）观察、分析与指导要点

1. 倾听与表达

（1）能否认真倾听并听懂一些常用语言。

（2）是否愿意讲话，清楚地表达自己的想法和需要。

（3）是否具有文明的语言习惯，比如会使用文明礼貌用语，别人讲话时能回应，不随意打断别人讲话，公共场合不大声喧哗等。

2. 阅读与书写准备

（1）是否喜欢听故事、看图书。

（2）是否养成了良好的阅读习惯，比如不乱撕、乱扔书，能较为专注地读书。

（3）对生活中常见的标识和文字符号是否感兴趣，知道它们有一定的意义和用途。

（4）是否具有初步的阅读理解能力。

（5）能否在阅读中发展想象力和创造力。

（6）能否感受到文学作品的美。

（7）是否具有写写画画的兴趣。

（8）是否愿意用图画和符号表达自己的想法，具有书面表达的愿望和初步技能。

（二）案例分析与指导

语言活动中的事件取样观察

新闻播报[①]

观察对象： 筠筠

所在班级： 大班

为了提高幼儿的语言表达能力，大班开展了"新闻播报"的教学活动。孩子们在活动中可以把报纸、电视中看到的新闻，或是自己亲身经历的新闻讲给大家听。

场景一：

新闻播报开始了，按照孩子们制订的播报计划，今天是第二组的小朋友给大家播报新闻。当轮到筠筠播报时，张老师看到筠筠把拿在手里的报纸悄悄地塞进了书包里。张老师问："筠筠，你准备了什么新闻？"筠筠听到老师叫他，显得有些不安，两只手都伸进了书包里，慌乱地翻找起来。张老师再一次用询问的目光看了他一下，他支支吾吾地说："我、我准备的报纸新闻，报纸找不着了。""那可以给我们讲讲吗？"张老师继续鼓励他。筠筠又支吾了半天，说："我忘了。"由于筠筠平时很少主动在集体面前讲话，所以看到这种情况，张老师并没有责备他，而是摸了摸他的头，说："没关系，今天好好准备，下次你再讲好吗？""好的！"筠筠回答道。

场景二：

第二天，筠筠为大家播报新闻时，刚开始有些紧张，坐在座位上，眼睛不知道该往哪儿看，两只手不停地搓来搓去。张老师走到他面前，拉住他的手，微笑着对他说："来吧，试着说一说，老师帮你。"筠筠走到大家中间，轻声地说出了新闻"3月5日全国人大开幕"。虽然只有短短的一句话，筠筠说得并不连贯，断断续续好几次才说完整。说完后，张老师还是在全班孩子面前表扬了筠筠，并鼓掌，

[①] 沈雪梅. 关爱与方法：幼儿行为观察案例分析 [M]. 上海：复旦大学出版社，2014：35–36.

向他表示鼓励。当筠筠回到座位时，教师发现他脸上露出了胜利的微笑。

场景三：

第三天，新闻播报活动刚开始，筠筠就举起了手，要求第一个给大家播报新闻。张老师朝他点点头，他从椅子上站起来，快步走到大家中间，面带微笑地告诉小朋友："今天我讲的新闻特别有趣，是我妈妈告诉我的。"他这次讲的新闻是关于一条鱼的事情，鱼有多长、有多重、叫什么、现在在哪儿养等，有80多个字，但筠筠从头到尾都讲得比较清晰、流畅，声音也明显大了许多。孩子们对这个新闻也特别感兴趣。当筠筠讲完后，大家都情不自禁地鼓起了掌。

案例分析：《纲要》明确指出，要鼓励幼儿大胆、清楚地表达自己的想法和感受，尝试说明、描述简单的事物或过程，发展语言表达能力和思维能力。采取新闻播报的形式，让幼儿讲述自己感兴趣的见闻或好玩的故事，对提高幼儿的语言表达能力十分有效。但是，幼儿的表达能力的提高需要一个循序渐进的过程，教师要有足够的耐心，多组织一些有趣的新闻播报活动，让幼儿在具体的实践活动中，逐步建立自信、掌握语言的表达技巧。在上述案例中，由于筠筠平时很少主动在集体面前讲话，所以缺乏当众讲话的经验和信心。第一次新闻播报，筠筠以"报纸找不到了"为借口，不去播报新闻，这时，张老师并没有责备他，而是鼓励他好好准备，下次再讲，这样做为筠筠提供了一个自由表达、轻松自由的谈话氛围，正是这样的一个宽松环境，让筠筠渐渐放松了下来，参与到活动中来。第二天，筠筠播报新闻时，仅说出短短的一句话，而且不是很连贯，但张老师还是表扬了他，老师的鼓励和同伴的认同，使得筠筠增强了信心。第三天，筠筠更加主动、积极地参与到活动中去。

指导建议： 1.为幼儿创造宽松的语言环境。《纲要》指出，语言能力是在运用的过程中发展起来的，发展幼儿语言的关键是创设一个能使他们想说、敢说、喜欢说、有机会说并能得到积极应答的环境。宽松的环境可以消除幼儿的紧张情绪。通过筠筠三次在新闻播报中的表现可以看到，张老师为他提供的宽松环境让他逐渐由不敢说到说不好再到主动说、能说好。2.增强幼儿语言表达的自信心。成人的鼓励和认可会增强幼儿的信心，当幼儿觉得自己做不好时，教师用眼神、微笑、抚摸帮助幼儿找到自信，引导他们发现自己的能力并愿意表现出来，逐步建立自信；对于缺乏自信的幼儿，教师要及时发现他们的闪光点，并积极引导幼儿及其身边的人发现幼儿的优点，给予他们更多的关注和赏识；开展一些有趣的语言游戏活动，让幼儿从中获得成功的快乐。在张教师的引导下，筠筠通过三次新闻播报，语言表达越来越清晰、越来越流畅，自信心也越来越强，不再感到害怕和紧张。3.幼儿教师要给予正确的示范和合理的引导。幼儿的语言发展离不开成人良好的示范与引导，通过教师正确的示范与合理的引导，幼儿不仅能感知语音的细微差别，还能正确掌握发音部位和发音方法。《指南》指出，引导幼儿清楚地表达，教师需要至少做到以下两点：一是和幼儿讲话时，成人自身的语言要清楚、简洁。二是当幼儿因为急于表达而说不清楚的时候，应提醒他不要着急，慢慢说，同时要耐心倾听，给予必要的补充，帮助幼儿厘清思路并清楚地说出来。筠筠在第二次和第三次新闻播报中，语言表达都存在一定的问题。如果在新闻播报之后，张老师能及时地以身示范，给予纠正，则能更有针对性地提高筠筠的语言表达能力。

三、社会领域教学活动的观察、分析与指导

（一）观察、分析与指导要点

在社会领域教育教学活动中观察幼儿行为，主要观察他们在自我意识、人际交往、社会适应等方面的表现。

1. 自我意识

（1）是否了解自己的基本信息，如姓名、性别、年龄、属相、喜好等。

（2）能否初步地、较为客观地评价自己。

（3）在集体生活中能否保持情绪愉悦，发展初步的情绪调节和控制能力。

（4）能否主动参与各项活动，积极展示自己的优点和长处，发展自信心、自尊心。

（5）能否自己的事情自己做，展现出一定的独立性。

（6）活动中是否有自己的想法、主意，能按自己的想法活动，或是主动发起活动。

（7）是否愿意承担一些任务，尝试一些有一定难度的任务或活动。

（8）遇到困难时能否坚持克服，不轻易放弃。

（9）在与别人看法不同时，能否坚持己见。

2. 人际交往

（1）是否愿意与人交往。

（2）有没有经常一起玩的小伙伴或者好朋友。

（3）是否愿意和长辈或其他人一起活动、交谈。

（4）与人交往时是否有礼貌。

（5）是否掌握合作、分享、互助、轮流、等待、谦让等基本的人际交往技能，能与人友好相处。

（6）是否知道如何加入同伴游戏。

（7）是否知道如何解决同伴交往冲突。

（8）能否换位思考，学习理解别人。

（9）是否了解、认识自己的长辈、老师、同伴。

（10）是否了解与自己关系密切的社会机构、各种职业角色的人，学会尊重他人的劳动成果。

（11）能否对他人表示自己的关心、关爱与尊重。

（12）能否用平等、接纳和尊重的态度对待与自己生活方式或习惯不同的人。

3. 社会适应

（1）是否喜欢并适应群体生活。

（2）能否遵守班集体的基本行为规则或其他游戏规则。

（3）能否了解并遵守一些基本的社会生活行为规范或规则，如交通规则等。

（4）是否知道做人要诚实守信，做错事敢于认错，不说谎。

（5）是否知道要爱护身边的环境，注意节约。

（6）是否了解自己的家，自己所在班级，自己的家乡、祖国和民族。

（7）是否发展了初步的归属感，比如喜欢自己的班集体，能感受到家的温暖，了解自己的家乡和祖国，等等。

（二）案例分析与指导

 社会交往行为的日记描述

互赠礼物[①]

观察对象： 晨晨，3岁
所在班级： 小班
观察时间： 10：05
观察地点： 教室

小朋友怀里都抱好了将要交换的礼物。

晨晨的礼物是两盒巧克力，塑料的透明盒子，包装非常漂亮，很是诱人。我请他第一个来送礼物。他说："我想把礼物送给每个小朋友。"我问："为什么？"他眨了眨眼睛说："我的巧克力很好吃，我想让他们都吃到我的巧克力。"

真是一个美好的愿望。于是，我帮助他打开包装，请他去分礼物。我向小朋友提出建议："如果你收到晨晨的礼物，就送给晨晨一个拥抱或者一个 kiss。"小朋友都照我的话去做了。晨晨最喜欢的大宝得到礼物后，高兴地在晨晨脸上亲了一口，看他一脸幸福的样子，我也为他高兴。

等他把手中的巧克力都分给小朋友之后，我请他站到我面前，然后问："晨晨，为什么小朋友这么喜欢你呀？"他说："因为我给大家巧克力吃了。"我故作惊奇的样子，"哦，你对大家这么好，难怪大家都喜欢你呢！"他笑了笑。"那你以前打小朋友的时候，他们有没有亲过你呢？"他摇了摇头说："没有，我打他们，他们

---

① 互赠礼物［EB/OL］. http://edu.pcbaby.com.cn/311/3111707.html, 2016-09-01/2017-08-06. 略有改动.

第五章 教学活动中幼儿行为的观察、分析与指导

也打我了。""是吗?所以晨晨要对小朋友好,小朋友才会喜欢你,知道吗?"他用力地点点头。我继而转向其他小朋友,"小朋友,晨晨对你们这么好,还给你们巧克力吃,你们喜欢他吗?"小朋友用很大的声音回答说:"喜欢。"我顺势引导小朋友说:"我们一起谢谢晨晨吧。"孩子们齐声说:"谢谢晨晨。"我也抱起他响响地亲了一口。

案例分析: 瑞士儿童心理学家皮亚杰的"三山实验"表明,由于身心发展尚不成熟,2~7岁幼儿的意识和行为通常以自我为中心。如果不能对此给予合理的引导,容易导致幼儿在以后的发展中形成自私的人格。研究发现,让幼儿在同伴交往中学会分享,是有效解决这一问题的方法。分享行为是幼儿亲社会行为的一种表现,它不仅能够反映幼儿是否具有关心别人、换位思考的意识,也能够体现幼儿是否具有在人际交往中帮助别人、与同伴友好相处的能力。从上述案例中发现,晨晨以前并不是一个懂得分享的小朋友,相反,他爱和别人打架,人际交往能力较差,班里的小朋友不喜欢他,也不愿意和他做朋友。但是,在教师的引导下,通过分享礼物的教学活动,晨晨主动把自己的巧克力分给了班里的小伙伴,使同伴改变了对他的看法,最后都愿意和他做朋友,晨晨也从中感受到了分享带来的快乐。由此可见,让幼儿学会分享,不仅有利于提高他们的人际交往能力,也有利于其养成良好的道德品质,对幼儿的社会性发展具有十分重要的意义。

指导建议: 1. 及时鼓励幼儿的分享行为。《指南》指出,对幼儿与别人分享玩具、图书等行为要给予肯定,让他对自己的表现感到高兴和满足。当幼儿能主动与同伴分享食物或玩具时,教师要及时地给予鼓励,进一步强化分享合作的动机,以激励他们做出更多的分享行为。这种鼓励不一定是物质上的,有时教师一个肯定的点头,一个微笑的表情,一双赞许的眼神,一个大大的拥抱,对幼儿来说就是一次极大的鼓励,会使他们在情感上得到极大的满足。在上述案例中,当晨晨把自己的巧克力跟同伴分享时,同伴的亲吻和老师的口头表扬给了他很大的鼓励,也让他感到很开心,这些鼓励有利于他在以后做出更多的分享行为。2. 利用榜样的示范作用。幼儿天生具有很强的模仿能力,也具有很强的向师性,喜欢把教师当作模仿的对象。当幼儿看到教师的分享行为时,他们通常会去主动地模仿学习。这时,教师要善于抓住教育的契机,给幼儿以正确的示范。例如,当看到幼儿正在玩玩具时,教师可以走过去对他说:"我可以和你一起玩吗?"或者说:"你先玩,等会儿给我玩好吗?"幼儿一旦体验到分享的快乐时,他们会模仿老师的行为,和他人分享自己的玩具。3. 多开展以分享为主题的活动。让幼儿学会分享,最好的方法是让他们在具体的活动中与同伴分享自己的物品或心情。由于幼儿身心发展的特点,他们的思维以可操作性思维为主,很多知识和技能的习得,需要在具体活动中通过亲身的体验方能实现。上述案例中,教师正是

通过互赠礼物的主题活动，让晨晨明白了"你对别人好，人家也会对你好"的简单道理，也使他的思想发生了重大转变，让他认识到了打架的不对，也体验到了正确人际交往所带来的幸福感。在具体的教学活动中，教师可针对分享问题开展一些幼儿喜欢的主题活动，如"食物分享日""快乐分玩具"等，开展分享活动，有利于拉近幼儿之间的距离，提高幼儿的人际交往能力。4.分享的方式要多样化。上述案例中，教师虽然通过"互赠礼物"的教学活动，使晨晨的观念发生了变化，但这种转变不是一朝一夕就能完成的，需要多次强化才能"固化"，使之形成一种习惯或品格。为此，教师可以根据不同的分享物品设计多种分享方式，例如轮流分享、共同享有等。对于一些玩具类的物品，由于其不能拆分，可以采取轮流玩的方式分享；对于一些食物类的物品，由于其容易分成多份，可以采取共同享有的方式分享。运用丰富多样的分享方式开展活动，不仅可以提高幼儿分享的趣味性和新颖性，也可以让幼儿在多次分享中形成团结有爱、帮助别人的品德。

四、科学领域教学活动的观察、分析与指导

（一）观察、分析与指导要点

在科学领域教育教学活动中观察幼儿行为，主要观察他们在科学探究、数学认知等方面的表现。

1. 科学探究

（1）探究的兴趣和意愿。

1）是否对周围的很多事物和现象感兴趣。

2）是否经常问问题，甚至刨根问底。

3）是否会好奇地摆弄物品，经常动脑思考、动手探索。

4）是否会在探索中有所发现时，感到兴奋和满足。

（2）初步的探究能力。

1）能否对感兴趣的事物进行观察、比较。

2）是否能用多种感官或动作去探索物体。

3）能否用一定的方法验证自己的猜测。

4）是否能通过简单的调查收集信息。

5）能否在成人的帮助下，制订简单的调查计划并执行。

6）能否用图画或其他符号进行记录。

7）在探究中是否能与他人合作与交流。

（3）对周围事物和现象的认识。

1）是否认识常见的动植物，了解植物的相关常识及其与人们生活的关系。

2）能否感知和发现常见物体和材料的特性、结构与功能。

3）能否感知和发现一些简单的物理现象。

4）是否能感知和体验天气与季节的变化及其与人们生活的关系。

5）是否能初步感知一些常用的科技产品与自己生活的关系。

6）能否初步了解人们的生活与自然环境的关系，知道珍惜生命，保护环境。

2．数学认知

（1）对数学的感知。

1）能否感知和发现周围物体的形状，对不同的形状感兴趣。

2）能否感知和体会生活中的数和数字，有兴趣进一步探究。

3）是否能发现事物简单的排列规律。

4）能否尝试创造新的排列规律。

5）能否发现生活中许多问题都可以用数学的方法来解决，体验解决问题的乐趣和数学在生活中的应用。

（2）对数、量及数量关系的感知和理解。

1）能否感知和区分物体的大小、多少和高矮、长短、厚薄、轻重等量方面的特点，并能用相应的词表示。

2）能否通过对应或数数的方式比较物体的多少。

3）能否在生活和游戏等实际情境中，理解数的概念，比如会点数物体，会"按数取物"等。

4）能否通过实物操作等方式，理解数与数之间的关系，比如5比4多1。

5）能否用简单的记录表、统计图等表示简单的数量关系。

（3）对形状和空间关系的感知。

1）能否感知物体的形状特征，并用自己的语言描述物体形状。

2）是否能画出或拼搭出该物体的造型。

3）能否感知和发现常见的几何图形的基本特征，并能进行分类。

4）能否感知物体基本的空间位置与方位，理解上下、左右、前后、里外、中间、旁边等方位词。

5）能否使用上下、左右、前后、里外、中间、旁边等方位词描述物体的位置和运动方向。

6）能否辨别自己的左右。

（二）案例分析与指导

案例 科学探索教育活动中的轶事记录

军军为什么不爱提问了[①]

观察对象： 军军

所在班级： 大班

军军是个爱提问的小朋友，从小班起就爱提问"这是什么，那是什么"，如今他的问题越来越多，总爱追着老师或者小朋友问个不停："为什么花的叶子是绿色的？花瓣是红色的、黄色的？""交换一下不可以吗？"……在幼儿园里，军军最喜欢的地方就是科学探索发现室，因为这里有好多他不知道的、感到很好奇的物品。

一次，在科学探索教学活动中，他对"火山喷发"的小实验很感兴趣，就问老师，除了醋和小苏打能让"火山"喷发，生活中还有哪些东西能让"火山"喷发？老师被他突如其来的问题难住了，不知道怎么回答，便说："你哪来的那么多问题，天天就知道问，别的小朋友就没你那么多问题，没看见老师在忙吗？"一次、两次……渐渐地，军军不那么爱问老师问题了。

案例分析：《纲要》明确提出，学前儿童科学领域有五个方面的目标，通过对目标的分析，可以归纳为三个方面：情感态度目标、方式方法目标和知识经验目标。其中，情感态度目标尤为重要，主要是激发幼儿的好奇心、求知欲和探索欲。好问是幼儿好奇心、求知欲、探索欲的重要表现形式。幼儿原本都是比较好问的，爱问问题，对事物具有与生俱来的好奇心，但是若不加以保护或激发，幼儿的问题就会逐渐减少，对事物的好奇心和求知欲就会受到影响。案例中军军本是好问的孩子，对很多事物或现象感到好奇，愿意去思考、求解，但是教师的一再否定、不理睬等行为打击了军军问问题的积极性。

指导建议： 1.尊重并耐心对待每个幼儿的问题。在科学探究活动中，当幼儿面对一些神秘而好玩的科学现象时，通常会问一些问题，有的问题简单，有的问题则难以解答。作为教师，无论幼儿问什么样的问题，哪怕是荒唐可笑的，都要给予尊重，并表现出很大的热情和兴趣。上述案例中，军军的老师应当承认自己的不足，坦率地告诉军军自己需要查阅资料或请教他人，甚至可以与军军一起去寻找答案。2.鼓励幼儿由好奇心引起的探究行为。由于幼儿的阅历较少，对周围的世界充满了好奇和各种各样的疑问，在好奇心驱使下，他们会问很多问题，会摆弄一些玩具，反复拆卸。此时，教师不仅不能漠视、嘲笑和斥责他们，反而要在保障安全的前提下，尽力支持、鼓励和引导幼儿的科学探索活动。上述案例

[①] 沈雪梅.关爱与方法：幼儿行为观察案例分析［M］.上海：复旦大学出版社，2014：92-93.

中,当军军的老师被军军的问题难住时,教师不要找其他借口去训斥军军,而应当给予合理的解释,说清楚自己不知道的原因,这样就保护了军军的好奇心和求知欲。3.创设一个良好的心理氛围。良好的心理氛围不仅能为幼儿的发展撑起保护伞,而且有利于激发幼儿的学习兴趣和积极性。结合上述案例,要创设一个良好的心理氛围,教师至少要做到以下几点:a.允许幼儿在教学活动中出错,并深入了解幼儿的真正想法和认识水平;b.尊重并欣赏幼儿大胆的,甚至是异想天开的想法;c.不但不训斥、制止幼儿的当面质疑和问题,而且要鼓励幼儿进行大胆质疑和提问。

五、艺术领域教学活动的观察、分析与指导

(一)观察、分析与指导要点

在艺术领域教育教学活动中观察幼儿行为,主要观察他们在感受与欣赏、表现与创造等方面的表现。

1. 感受与欣赏

(1)对美的事物的感受。

1)能否感受、发现和欣赏自然环境和人文景观中美的事物。

2)能否发现美的事物的特征,并能用言语、动作等描述事物的美。

3)是否乐于收集美的物品或向别人介绍所发现的美的事物。

(2)对艺术形式和作品的欣赏。

1)是否喜欢听音乐、歌唱等。

2)是否乐于观看绘画、泥塑或其他艺术形式的作品。

3)能否专心地观看自己喜欢的艺术品。

4)欣赏艺术作品时,是否会产生相应的联想和情绪反应。

5)在艺术欣赏时,能否用表情、动作、语言等方式表达自己的理解。

6)是否愿意和别人分享、交流自己喜爱的艺术作品和美感体验。

2. 表现与创造

(1)对艺术活动的意愿。

1)是否愿意参加歌唱、律动、舞蹈、表演等活动。

2)是否经常涂涂画画、粘粘贴贴,用绘画、捏泥、手工制作等多种方式表现自己的所见所想。

3)是否积极参与艺术活动,有自己比较喜欢的活动形式。

4)能否用多种工具、材料或不同的表现手法表达自己的感受和想象。

5)艺术活动中能否与他人相互配合。

（2）艺术表现与创造力。

1）能否唱出一些歌曲。

2）能否跟随熟悉的音乐做身体动作。

3）能否用拍手、踏脚等身体动作或可敲击的物品敲打节拍和基本节奏。

4）能否用歌唱、律动、舞蹈动作等方式表现自己的情绪或自然界的事物。

5）能否运用绘画、手工制作等方式表现自己观察或想象到的事物。

6）能否自编自演故事，并为表演选择和搭配简单的服饰、道具或布景。

（二）案例分析与指导

 音乐活动中的日记描述

一条"死鱼"[①]

观察对象： 集体

所在班级： 中班

一次音乐会活动中，我引导幼儿通过听、唱、拍、舞的方式展现对三拍子旋律的理解。其中有一个环节是通过让幼儿模仿小鱼游，使其感受乐曲的强弱拍。孩子们在音乐声中自由地游动。男孩小炼先是别扭地走了两步，接着站在原地一动不动地看着周围的同伴，最后索性躺在地上了。我连忙走上前去，问道："小炼，你这条鱼怎么不会游呀？"小炼看看我，一本正经地说："我是条死鱼。"

"死鱼"的出现是我设计活动时完全没有想到的。如何"拯救死鱼"，让小炼继续参与活动是我的当务之急。我若有所思地说："对呀，河里是会有死鱼的，可惜死鱼是要被渔网捞出池塘的，被捞出之后，它就不能参加后面开心的游戏了。"小炼对我眨巴着眼睛，显出些许的后悔，因为他是个特别喜欢玩的孩子。我接着说："不过我很好奇，'死鱼'刚才还在说话？好！我这张网开始工作了！"我边说边用夸张的动作张开双臂做了一张大渔网，准备要捕起小炼这条"死鱼"。他一边本能地避让，一边笑嘻嘻地对我说："我刚才是假死的，我在睡觉呢！"我顺着他的话："哦！我就知道你是假装的，让鱼妈妈帮助你一起游吧。"我顺势拉起了小炼的手，他先是跟我游了一圈，随后就自由地参与到了活动之中。

案例分析：《纲要》指出，在艺术教学活动中，要为幼儿提供自由表现的机会，鼓励幼儿用不同艺术形式大胆地表达自己的情感、理解和想象，尊重每个幼儿的想法和创造，肯定和接纳他们独特的审美感受和表现方式，分享他们创造的快乐。在案例中，小炼由于动作技能发展相对较弱，在音乐活动中他对小鱼游的动作没有足够的把握，于是灵机一动，把自己装成一条"死鱼"，回避了做小鱼游的动作。尽管小炼是故意而为之，但是这是他选择的自由，也是幼儿自主性和主体性

[①] 侯素雯，林建华. 幼儿行为观察与指导这样做［M］. 上海：华东师范大学出版社，2014：320-321.

第五章 教学活动中幼儿行为的观察、分析与指导

的体现,如果老师此时不让小炼参加游戏,不仅不利于发展他的动作技能,也没有尊重幼儿独特的想象力和自由表达的权利。艺术教学活动中的"突发事件"对教师来说,既是个机遇也是个挑战,如果教师利用得当,就能够体现其教育机智和课程生成的能力。

指导建议: 1.要尊重幼儿的"意外"表现。幼儿由于身心发展不成熟,自我约束和自我控制能力相对较弱,在艺术教学活动中会时常发生让教师"意外"的事情,这时教师要了解幼儿"意外"行为的动机是什么,要对幼儿给予充分的包容和理解。教师要相信小炼不是故意捣乱的,从他的角度去设想这是孩子的天性。只有在这一前提下,教师才能解决突如其来的问题,并且努力不让小炼游离活动之外,既尊重了孩子不拘一格的选择权,也有利于积极促进孩子的动作技能发展。2.利用突发情况,及时进行教育。当幼儿教师遇到"突发"事件时,如果不能做到随机应变,仍然按照原来的教案照本宣科,则不仅失去了教育的契机,也会扼杀孩子的想象力,甚至使孩子产生抵触情绪。因此,教师的教育方法和内容要随着教育情形的变化而变化,就像案例中的老师一样,根据小炼装成"死鱼"的情况,把自己形象的肢体动作变成一张大网,使小炼"起死回生",从而自愿回到游戏中来,恰当地利用教育契机,灵活机动地促进孩子的发展。3.巧妙化解幼儿的"意外"。① 采用情景化语言化解。当幼儿因想引发关注而产生"意外"行为时,教师可运用融于生活、游戏的情景化语言来化解。例如,案例中的老师运用这一方法,让小炼重新回归游戏之中。② 采用暗示性动作化解。当幼儿因缺乏经验不会表现而出"意外"时,教师可采用玩伴的角色,运用动作暗示的方法化解。例如,音乐游戏"大雨小雨"中,幼儿根据音乐的强弱用肢体动作表现大雨和小雨,可有一个幼儿的动作总是跟不上音乐。教师走到他身边,拉起了他的小手一起做雨滴,在教师的带领下,幼儿逐渐感受到了音乐与肢体的和谐,动作便自然、合拍、丰富起来。

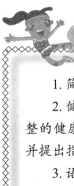

思考与练习

1. 简述教学活动中幼儿行为观察的意义。

2. 健康领域教学活动中的幼儿行为观察要点有哪些?结合实际,拟定一份完整的健康领域教学活动观察方案,对幼儿在活动中的行为表现进行观察、分析,并提出指导建议。

3. 语言领域教学活动中的幼儿行为观察要点有哪些?结合实际,拟定一份完

整的语言领域教学活动观察方案,对幼儿在活动中的行为表现进行观察、分析,并提出指导建议。

4. 社会领域教学活动中的幼儿行为观察要点有哪些?结合实际,拟定一份完整的社会领域教学活动观察方案,对幼儿在活动中的行为表现进行观察、分析,并提出指导建议。

5. 科学领域教学活动中的幼儿行为观察要点有哪些?结合实际,拟定一份完整的科学领域教学活动观察方案,对幼儿在活动中的行为表现进行观察、分析,并提出指导建议。

6. 艺术领域教学活动中的幼儿行为观察要点有哪些?结合实际,拟定一份完整的艺术领域教学活动观察方案,对幼儿在活动中的行为表现进行观察、分析,并提出指导建议。

参考文献

［1］北京市教育科学研究所．陈鹤琴全集（第一卷）［M］．南京：江苏教育出版社，1987．

［2］［美］卡罗尔·沙曼，等．观察儿童［M］．单敏月，王晓平，译．上海：华东师范大学出版社，2014．

［3］陈向明．质的研究方法与社会科学研究［M］．北京：教育科学出版社，2006．

［4］［美］多萝西·H·科恩，［美］弗吉尼亚·斯特恩．幼儿行为的观察与记录［M］．马燕，马希武，译．北京：中国轻工业出版社，2015．

［5］［美］盖伊·格朗兰德，［美］玛琳·詹姆斯．聚焦式观察：儿童观察、评价与课程设计［M］．梁慧娟，译．北京：教育科学出版社，2017．

［6］海鹰．教师观察幼儿行为需厘清的几个基本问题［J］．幼儿教育，2015（30）．

［7］侯素雯，林建华．幼儿行为观察与指导这样做［M］．上海：华东师范大学出版社，2016．

［8］［美］珍妮丝·J·贝蒂．幼儿观察评量与辅导［M］．廖凤瑞，陶英琪，译．北京：华腾文化股份有限公司，2015．

［9］廖莉，吴舒莹，袁爱玲．幼儿园生活活动指导［M］．福州：福建教育出版社，2016．

［10］［英］里德尔·利奇．观察：走进儿童的世界［M］．潘月娟，王艳云，译．北京：北京师范大学出版社，2008．

［11］李季湄，冯晓霞．《3～6岁儿童学习与发展指南》解读［M］．北京：人民教育出版社，2013．

［12］林惠雅．儿童行为观察法［M］．台北：心理出版社有限公司，1990．

［13］林磊，程曦．儿童心理研究中的时间取样法［J］．心理发展与教育，1992（2）．

［14］潘月娟．学前儿童观察与评价［M］．北京：北京师范大学出版集团，2016．

［15］沈雪梅．关爱与方法：幼儿行为观察案例分析［M］．上海：复旦大学出版社，2014．

［16］施燕，韩春红．学前儿童行为观察［M］．上海：华东师范大学出版社，2011．

［17］施燕，章丽．幼儿行为观察与记录［M］．上海：华东师范大学出版社，2015．

［18］宋文霞，王翠霞．幼儿园一日生活环节的组织策略［M］．北京：中国轻工业出版

社，2016.

[19] 陶保平. 学前教育科学研究方法［M］. 上海：华东师范大学出版社，2006.

[20] 王凯. 教师观察行为的专业主义视野［J］. 教育研究与实验，2009（2）.

[21] 王琼. 时间取样法在幼儿园中的运用［J］. 齐齐哈尔师范高等专科学校学报，2013（2）.

[22] 王烨芳. 学前儿童行为观察与分析［M］. 南京：江苏教育出版社，2012.

[23] 王月霞. 观察法在幼儿游戏指导中的运用［J］. 教育导刊幼儿教育，2006（10）.

[24] ［美］沃伦·R·本特森. 观察儿童——儿童行为观察记录指南［M］. 于开莲，王银玲，译. 北京：人民教育出版社，2009.

[25] 徐启丽. 幼儿教师进行儿童行为观察的现状与对策探析——以G省为例［J］. 早期教育（教科研版），2013（5）.

[26] 徐志国，袁小丽. 从看见孩子到看懂孩子——幼儿行为观察的实践与思考［J］. 东方宝宝（保育与教育），2016（1）.

[27] 徐志国，袁小丽. 幼儿行为观察：教师从走近幼儿到走进童心［J］. 山东教育，2016，Z5.

[28] 于开莲. "为教学服务的评价"理论与实践研究——以幼儿园社会领域为例［D］. 北京：北京师范大学博士学位论文，2007：104-112.

[29] 于开莲. 幼儿手工制作活动中的问题解决与教师指导［J］. 学前教育研究，2008（2）：55.

[30] 于开莲，徐菲. 教师如何指导幼儿解决同伴冲突［J］. 学前教育，2009（6）：9.

[31] 张秀春. 时间取样观察法优缺点及其适用性问题［J］. 辽宁师范大学学报（社会科学版），2004（3）.

[32] 中华人民共和国教育部. 幼儿园教育指导纲要（试行）［M］. 北京：北京师范大学出版社，2001.

[33] 中华人民共和国教育部. 幼儿园教师专业标准. 2011.

[34] 中华人民共和国教育部. 3~6岁儿童学习与发展指南. 2012.